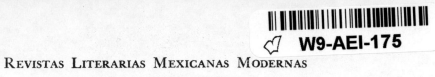
Revistas Literarias Mexicanas Modernas

TALLER POÉTICO
POESÍA

REVISTAS LITERARIAS MEXICANAS MODERNAS

TALLER POÉTICO
1936-1938

POESÍA
1938

FONDO DE CULTURA ECONÓMICA
MÉXICO

Primera edición facsimilar, 1981

D. R. © 1981, Fondo de Cultura Económica
Av. de la Universidad 975, México 12, D. F.

ISBN 968-16-0857-7

Impreso en México

TALLER POÉTICO
1936-1938

Taller Poético. México, D. F., *Primer*..., mayo de 1936 — *Cuarto*..., junio de 1938. Irregular. Director: Rafael Solana. Impresores: Miguel N. Lira (1er-3er) y Ángel Chápero (4º). (Cuatro números.)

Secciones: Libros Recibidos.

Entregas de 50-96 pp. Sin ilustraciones.

PRESENTACIÓN

ME TOCA hablar de *Taller Poético*, la revista que hice yo solo o casi, y cuyo propósito era el de lograr la concordia entre todos los poetas existentes en México; era una revista de unificación. Yo fui el único responsable de ella, y el que la hizo físicamente posible, el que me ayudó a imprimirla, a un costo que no se parecía al de las imprentas comerciales, fue Miguel N. Lira, que tenía y manejaba él mismo una prensa de mano, en General Anaya. Compraba yo el papel, poco, porque nuestras tiradas eran cortas, pero muy fino, y yo mismo vendía las suscripciones o los números sueltos. La revista habría debido llamarse, para que su nombre correspondiera exactamente a su idea, *Panteón*, pues se trataba de levantar un templo en el que fueran adorados todos los dioses, los más antiguos o los más nuevos; pero en México "Panteón" no quiere decir lugar de adoración de todos los dioses, sino depósito de cadáveres, y hubo que buscar otro nombre. Dimos con el de *Taller Poético*, que puede equivocar a los historiadores. Era la época de la LEAR (Liga de Escritores y Artistas Revolucionarios) y todo lo proletario estaba de moda; usábamos camisas de ferrocarrilero, azules con pintitas blancas, y asistíamos a reuniones de obreros, y hasta echábamos nuestros discursos en ellas; pero la palabra "Taller" no estaba en nuestro título usada en sentido demagógico, obrero, proletario, sino en uno académico, de laboratorio; queríamos decir, con ese nombre, "lugar en que se trabaja para hacer poesía"; nos considerábamos aprendices, gente dispuesta a trabajar, a pulir, a sudar en el aprendizaje. La madrina del nombre fue en realidad Carmen Toscano, que una tarde nos dijo haber descubierto un "Taller de lunas", nombre que describía, humildemente, una fábrica de espejos, pero que nos sonó a poesía; no estábamos tan lejos de Bécquer o de Lamartine como se supone, y por aquellos días se había puesto muy de moda Góngora; la luna era todavía un utensilio de los poetas, y carecía de significaciones astronáuticas, ba-

[9]

lísticas, estratégicas o de propaganda política; el primer libro de Octavio Paz todavía se había llamado *Luna silvestre*. Como taller para hacer lunas, así taller para hacer poesía; pero no queríamos rechazar a ningún maestro. Por contraste con todas las revistas anteriores, que habían sido agresivas, o por lo menos desdeñosas para los poetas maduros, la mía invitaba a todos los ilustres a dictarnos su lección; desde don Enrique González Martínez, el más venerable, de quien edité un libro excelente, *Ausencia y canto,* hasta los más jóvenes que yo mismo, como Neftalí Beltrán o Ramón Gálvez; tuvimos por invitados a los poetas de la generación anterior a la nuestra, la de *Contemporáneos,* pues les admirábamos mucho; colaboraron en *Taller Poético* con la sola excepción de José Gorostiza, pero no porque no se lo pidiéramos con instancia, sino porque fue siempre un poeta muy corto, todos ellos, hasta Alfonso Gutiérrez Hermosillo, que ya había muerto; allí recogimos poemas, pues solamente poemas publicaba la revista, de Jaime Torres Bodet, de Carlos Pellicer, de Salvador Novo, de Ortiz de Montellano, de Xavier Villaurrutia, de Federico García Lorca (que nos envió por conducto de don Genaro Estrada una bella gacela), de José Moreno Villa. Saqué cuatro números, el último de los cuales ya no fue impreso en los tórculos de Lira, sino en la imprentita de Ángel Chápero. Esas ediciones hoy pueden considerarse raras y lujosas; había ejemplares nominados para los suscriptores y autografiados por cada uno de los colaboradores, al pie de su poema. Allí surgieron Carmen Toscano y Octavio Novaro, allí se recogieron los más distinguidos de entre los poetas ligeramente anteriores, y que andaban sueltos, como no pertenecientes a grupo alguno, más jóvenes que los "contemporáneos" y más viejos que nosotros, como Elías Nandino, Anselmo Mena, Enrique Asúnsolo, y allí comenzó a darse a conocer Efraín Huerta. Además de los cuatro números de la revista hice algunos libros, de Carmen Toscano uno muy pequeño, *Inalcanzable y mío* (ella se había estrenado con *Trazo incompleto* en la casa "Cvltvra" muy poco tiempo antes), de Efraín Huerta, de quien publiqué hasta tres, uno de los cuales prologué, mientras en otro de ellos, en *Línea del alba,* que Miguel imprimió en un papel exquisito, tuvimos como cajista, para formar la portada, con sus propias manos, al ministro de Relaciones, que era don Genaro Estrada, y que a cambio de que nunca nos dio versos suyos, se fue a meter una tarde en la imprentita para trabajar como obrero en aquella edición; también el libro de González Martínez que ya dije, y otro de Gómez Mayorga, y dos de Enrique Guerrero Larrañaga, que, olvidado de la poesía, es hoy un arquitecto laborioso, y uno de Luis Cardoza y Aragón, que más tarde en su patria ocuparía altos puestos diplomáticos y administrativos; también hicimos, con dibujos de Roberto Montenegro, un tomito dedicado a conmemorar el centenario de Garcilaso, y en el que colaboró con un hermoso ensayo don Jaime Torres Bodet, que ya era entonces un personaje importante de la Secretaría de Relaciones.

Nada permite formarse una tan clara idea acerca del eclecticismo de *Taller Poético* como la nómina de sus colaboradores, que incluye a los representantes de todas las generaciones vivas y de todos los grupos, hasta donde nos fue posible abarcar, sin renuncia de la calidad que pretendíamos sostener, y sin incursiones hacia un tipo de poesía excesivamente popular, con cuya aceptación habríamos caído en la demagogia (...) También tratábamos de representar en nuestra revista a la poesía de todo el país, y no solamente a la de la capital, y para ello invitábamos a poetas que residían y trabajaban en lugares como Guadalajara o Mérida, según se encuentra en esta lista.

Y si se echa de menos a alguien, se tratará de poetas viajeros, residentes por aquel entonces en países distantes; es el caso de don Alfonso Reyes, de Manuel Maples Arce, y no sé si de José Juan Tablada; también el de Ricardo Arenales, considerado en aquel tiempo poeta mexicano, y que si todavía vivía entonces, no lo hacía entre nosotros.

Pero *Taller Poético* murió. El cuarto número, como ya dije, no lo imprimió Miguel N. Lira, y no puedo recordar por qué, pues siempre siguió unido por la amistad a todos nosotros; quizá su trabajo en los tribunales le impedía prestar atención a su imprenta. Y no hubo ninguno más, porque nos reunimos otros tres escritores y yo para hacer un *Taller* que no fuese ya solamente poético, sino admitiera la prosa, en forma de ficción o de ensayo, y hasta la pintura. Es muy posible, aunque no lo recuerdo con claridad, que la sugestión de hacer este cambio haya venido de Alberto Quintero

Álvarez, que llegó en aquellos días de la provincia, de Celaya, o de Acámbaro, con un libro de versos en las manos. A Quintero y a mí se unieron Efraín Huerta, que era mi compañero de escuela, de banca y de excursiones por la república en busca de monumentos artísticos, que copiábamos en nuestros álbumes de dibujo, y Octavio Paz, un año mayor que nosotros, y a quien su grupo propio, el de *Barandal* y los *Cuadernos del Valle de México*, se le había disuelto entre las manos.

Rafael Solana, *"Barandal, Taller Poético, Taller, Tierra Nueva"*, en *Las revistas literarias de México*. México, INBA, Departamento de Literatura, 1963, pp. 191-196.

[12]

PRIMER
TALLER POETICO

LO DIRIGE RAFAEL SOLANA, Y
MIGUEL N. LIRA LO IMPRIME

M E X I C O
MAYO DE 1936

[13]

TALLER POETICO

COLABORAN EN ESTE NUMERO

ASUNSOLO R. Enrique

HERNANDEZ Efrén

HUERTA Efraín

LIRA Miguel N

MAGDALENO Vicente

NOVARO Octavio

NOVO Salvador

PELLICER Carlos

SOLANA Rafael

NOTAS

EL PERDIDAMENTE
(Fragmento)

A través de uno y otro mareado continente
ante las catedrales o basura en montones
bajo nieve a colores en los Campos Elíseos
cabe helados reflejos liláceos en Kurfürstendam,
con todos los sentidos de una sed estancada,
contra de los recuerdos y aun cuando las presiones
de nuestras propias vidas quisieron derramarse.

Desde puentes de ríos y cubiertas de barcos
en las noches de niebla o sol de mediodía,
entre estatuas antiguas y marinos de carne,
hacia tumbas, hoteles, tabernas y museos,
hasta el diálogo triste de nuestras madrugadas.
Para ser uno rubio cuando el otro moreno
por sentir más agudo afán de claroscuro
según nos los dijimos al principio del viaje,
sin un solo reproche ni una sola caída,
so pretexto tan sólo de ser nosotros mismos
sobre el gozo y la pena.   Nuestros pasos corrieron
tras de inútil mentira o verdad indiscreta.

ENRIQUE ASUNSOLO R.

SECCION ENTRESACADA DE UNOS APUNTES PARA UN POEMA INCONCLUSO, SIN NOMBRE TODAVIA

Y esta era nuestra voz, dulce amor mío;
toda el alma en un golpe
agolpándose a un tiempo a la garganta,
el alma toda entera que pugnando
por expresar a un tiempo
toda su inmensidad, enloquecida
y atropelladamente,

contra el angosto cauce de las voces
vanamente se estrella.
Y luego, fracasada,
rendida y mansamente, por fin logra
rodar hacia el semblante, mas quebrada,
repartida en dos vías.

Y es la una de hilos de licores
sin término, dulcísima avenida;
y ésta acude a inundar de agua los ojos.

Y es la otra un fluír, ya indefinible,
no sólo a las palabras y a la idea,
sino al gemido mismo.
(Pudiera ser sollozo, si delicia
no fuera de delicias, en esencia)
Y a punto de salvarse,
—¿de salvarse o perderse?—
conviértese otra vez en apretura,
suelta un dolor a miel sobre los labios
y acaba zozobrando, desmayada,
en un pálido intento de sonrisa.

12

Y así era nuestra voz, dulce amor mío:
de toda la ansiedad de nuestras almas,
una sonrisa rota entre los labios;
y el resto en largos hilos
de líquidos licores, resbalando
tierna y humildemente por los ojos.

Y así era de este modo,
y así de esta manera no nacía,
porque al que siente amor,
porque al que siente
de inundación de amor ya el agua al cuello,
y su nivel aún
los campos y las horas
indefinidamente adascendiendo,
en turbación se ahoga
y en ahogo naufraga y enmudece;
o no es amor de amores,
amor del mar de amor, del mar de mares,
ni amor de mis amores el que siente.

13

¡Oh urgente y muda voz!
¡Oh muda voz de amor, incontenible,
y fracasada siempre!
¡Oh inmensa voz de amor, voz invencible,
y derrotada siempre!

EFREN HERNANDEZ

RECUERDO DEL AMOR

EN el oscuro cielo mi recuerdo.
  Hombre desnudo y luz;
    sabiduría y letargo;
tardanza y prisa muerta.
Recuerdo inagotable como fatiga sorda
o dolor del crepúsculo.
Recuerdo, imagen larga y cruel.

Llanura virgen.
Mutilada sonrisa y selva desprovista de pájaros.
Blanco y verde el recuerdo;
nunca negro ni plata,
sino lento de sueño como sangre reciente.
Tibio como penumbra marchita,
en la que hubiesen muerto cientos de luces tristes.

(Había llegado a mi presencia.
Era sencillamente un hombre fatigado,
con la voz apagada y las manos dormidas.
Recuerdo.   Recuerdo ese murmullo del sudor en su cuerpo.
El sol caía a pedazos en el mundo agitado.
Y solo yo con el recuerdo.)

Primero fue la Muerte.
Era en el mes de junio y nuestras vidas parecían
inquietos ríos con fiebre,
soledades nacidas al calor de un helecho.
Sobre la Tierra tibia crecían hombres y árboles,
negras nubes, y rosas, y canciones.
Clarísima ternura como día amanecido.

16

Así llegó el abismo, portentoso y solemne,
del Amor necesario: sueño fragante y tímido.
Era en el mes de junio.
Y las frutas maduras, los duraznos, las uvas,
parecían imprevistos murmullos sofocados y ciegos.
No veíamos. No vimos. La niebla la inventamos,
pero nos apretaba como corteza seca.
¡El Amor dominaba! Recia y blanda dolencia,
en el pecho, en las manos; cuando el alba
y la lluvia; cuando el calor y el frío.

Literalmente perdemos contacto con el suelo;
vamos al infinito apoyados en nuestra propia sangre.
Olvidamos los ríos y el silencio.
Gritamos por la noche y las voces del viento se recogen
en un puro rencor de ojos desorbitados.
¡Qué destino, qué lucha y cuánta cólera reprimida!
Ansias desmenuzadas; dolor de brazos muertos.
Imperioso dominio desconocido para los corazones y los labios.
Manos que se alargaron oprimidas por el alba de hielo.
Músculos negros como signo de miseria en la vida.

Se derrama en el mundo el sentido amoroso
y la piedad parece agonizante pájaro con las alas cortadas.

17

Sentimos un insomnio gozosamente prolongado
en una noche desconocida para los niños y los ancianos.
Poderosa tibieza en el Amor.
Y poderosa también esa apacible castidad sangrienta y horrible
en que naufragan los futuros suicidas.

Agotador murmullo de pantano y de nieve,
seca desesperanza en los ruidos del alba.

EFRAIN HUERTA

INFANCIA EN FUGA

Yo nací para tí con el retrato
que adorna un decorado de caireles
a la luz de la tarde en arrebato,
cuando el cielo es albricia de claveles
y se orquesta el jardín de ruiseñores
para el vals indeleble de las flores.

Era entonces la etapa marinera
del traje azul y boina sorprendidos
por el ancla de plata y la bandera
que se prenden del brazo, confundidos,
más por mirarse siempre en compañía,
que por reclamos de fotografía.

Párvula infancia así de disciplinas
en soldaditos de papel marciales
y muñecas de trapo bailarinas,
oro de luz en luz de los cristales
de acuáticas canicas, que curvaban
el teorama del agua que encerraban.

Y los barquitos de papel a nado
en las fuentes de lluvias colegialas,
y el avión en el aire, alimentado
por la hilaza y la cauda en canje de alas,
que en sus vuelos se atreve con las nubes,
patria y retablo azul de los querubes.

Aros de transparencia que rodando
la Plaza de Armas llenan de jazmines

20

y retoños de trinos, esmaltando
metálicos deslices de patines
que abren pausas de luz, como las rosas
abren mieles de luz a mariposas.

Sonrisa entonces ya de abecedario
en oficio gradual de aprendizaje,
entre las fugas del confesionario
y el beneficio malva del paisaje
que se asomaba verde a las vidrieras
sustituyendo a las enredaderas.

Luna también apenas en menguante
inventando fantasmas en relieve,
que por donaire de la consonante
bien competir pudieran con la nieve,
todos lujosos de erizado espanto
y de pretexto al prólogo del llanto.

Y el carmín del geranio en las macetas
que argenta el rubio trino del canario,
y los pasos del eco en las banquetas
en el ir y venir del novenario,

21

cuando nave y altar fulgen aromas
y las campanas llueven de palomas.

Olor después membrillo de las ropas
almacenado en variedad de linos,
y el despertar del vidrio de las copas
al refresco morado de los vinos
que copian las escenas sostenidas
en los cromos de viandas coloridas.

Jaculatorias luego de ganancia
como constantes indulgencias plenas,
por el venial pecado de la infancia
que hurta los dulces de las alacenas,
rebosadas de almíbares frutales
de pulpa y de sabor primaverales.

Y el reposo de nácar porcelana
de los juguetes sobre las consolas;
y el caracol enfrente a la ventana
oyendo el duplicado de las olas
que retiene en sus pliegues, prisioneras,
en función de sirenas postrimeras.

22

Huertas en tonos verdes tapizadas
para refugios de novelerías:
Búfallo Bill que vence encrucijadas
y Simbad el Marino travesías
por mares ondulados de misterio
y de Sandókan cuna y cementerio.

Y por último tú, novia y estrella,
que amor habilitó con hermosura
incisiva y cortante que destella
en las glorias de luz que se procura,
más del dominio azul del telegrama
que de la tierra que tu voz derrama.

No de tu amor conservo los abriles
abiertos en merced para mis ojos,
no tampoco naufrago en tus perfiles
por motivo y contorno a mis antojos,
sino que vivo de tu ausencia en vilo
y en tu recuerdo mi pasión destilo.

Amor me diste tú, como azucena
que instala su candor en el florero

23

y se entrega al cristal que la encadena;
amor fuiste el amor que yo más quiero
por tu bondad sin velos de artificio
y ajena al cotidiano maleficio.

Para decirte Amor no me faltara
varita de virtud y atrevimiento,
ni por sentirte cerca te buscara
por los recodos de mi pensamiento
donde anidas conforme a mi deseo
que más angustias cuanto más te veo.

Así perseverante y acucioso
guardo la devoción siempre ascendente
por tu mirar que anima delicioso
el manifiesto orgullo de tu frente,
igual que el floripondio guarda y vela
su pintada blancura de acuarela.

De tu ensayo de amor enamorado
quedan aquí los brotes iniciales
en su mismo perfume conservado.
Déjame pues volver a las vocales

24

que en tu nombre son cuentas de rosario
y primera lección del silabario,

para decirte Amor, que en vano intento
quise envolverte en túnicas de olvido
más allá de los límites del viento,
lo que no puedo dar por conseguido
pues que vives en mí, joven y fuerte
dispensadora de mi vida y muerte.

MIGUEL N. LIRA

LA noche, sobre el hermoso cuerpo baja, desde su sombra,
  y a la sangre viajera le dice un sobresalto
      nuevo, al despertarla de la dulce embriaguez
de la luz, en cuyo seno se adormieron las cosas.
Pero es muy cierto: la palmera hoy danzará.   Y a la hora
en que precisamente el bosque se transforma, y la montaña,
al són lejano de una flauta, vierte sobre el oído

su insinuación, ella se subirá la falda, y abandonando su
        éxtasis
giroscópico, danzará.   ¡Y esto será el principio!
Porque si es verdad lo de la huída de las mariposas,
        blancas
y azules, y sin cuerpo, además, como flores
convertidas en novias y raptadas por un amante al que no
        se hace
(aquí) aparecer; porque si es verdad, igual, lo de la fuga
de esos biombos aéreos, que son los pájaros, y la
        desaparición
absoluta de la seda volátil, prendida con un alfiler,
de la libélula, también es cierto (y me consta) lo relativo
al surgimiento de las larvas, coincidiendo
exactamente con el triunfo definitivo del más intenso
negro.   Sabed: es la hora del caucho
y el heno, en el fracaso del fósforo
y la confusión elemental del olor a café y la putrefacción
de las raíces; la hora del hierro, totalmente inutilizado
por el orín, así como de la madera, abandonada y seca
en la humedad sin voces, desdeñada del hacha
y hormiguero (ahora) de la polilla; la hora del barro,
de la piedra enterrada y la ceniza
inválida, y del cobre en la boca,

27

y del ojo de vidrio junto a un cien-pies
ya muerto. El negro, intenso, triunfa en todo su más
      profundo
y enervante sopor. ¡Oh enervante sopor!
¡Oh noche! ¡Oh negro! El ruido cesa y los rumores
crecen. ¡Pronto la orgía! La pobre carne, tiembla
poseída de un delicioso pavor, y la sangre
busca saltarse, y dice de santificar
todos sus enigmas, y canta a la curiosidad
de sus sentidos, mientras la palabra *tentación*
cruza la noche, y la incendia por un momento,
de catástrofe. Luego, el silencio, se oye,
más amplio, aún. La luna, gris, asoma.
Y mineral, un perfume muy suave
envía la tierra. Y se piensa: hay que inventar arriba
los luceros. Las interiores alas, en tanto, suspensas,
      sobre
el cuerpo bello y genial, ahora se tienden, y sobre
sí mismas giran, y al cuerpo, con el cuerpo, ascen-
      diendo
descienden ¡y el cuerpo capta el mundo! y los
      sentidos

28

—curiosos— hasta su **origen bajan**.   **Se sabe**
    entonces
de la profunda noche; de la sagrada noche.

                              VICENTE MAGDALENO

EN LA MUERTE DE
ADRIAN OSORIO

CAMARADA cordial: abandona un momento tu plácida muerte
y abrázate a los brazos que quisieran tenerte
y no te tendrán más.   Pondré mi mano
entre tus manos amplias, generosas,
y reiremos los dos, como reías
desde lo alto de tu noble cuerpo
cuando tú eras un cuerpo que reía.

Hablemos de las cosas,
hoy que eres sólo luz y sólo tiempo;
hoy que eres tierra, y pájaro, y gusano,
hablemos de los días
en que yo no lloraba verte muerto.

Alto como un encino de la sierra.
Claro como un arroyo sin abrigo.
Pródigo como el campo.
Así eras tú.   Así fueron tus actos y tu fuerza.
Así era tu sonrisa: como un arco
por donde hablaba un corazón de trigo.

Eras un árbol blando, sin cortezas.
Eras un San Cristóbal sin el niño.
Un corazón de trigo.   Un árbol grande.
Hoy más alto, más diáfano, más fuerte,
en cada nueva nube te deshaces
y en cada espiga nueva estás presente.

31

Camarada cordial: vuelve a tu muerte,
abandona los brazos que quisieran tenerte
y no te tendrán más.
Vuelve a donde eres pájaro y luz y polvo y tiempo,
vuelve a donde eres paz,
que yo quedo llorando verte muerto.

OCTAVIO NOVARO

F R A G M E N T O

como la sed como el sueño como el aullido como el
    llanto
tu boca tus labios tus dientes tu lengua nunca supe
veía tu carne blanca blanca tus ojos verdes tu silencio
y luego nos desnudábamos y yo abría los brazos
como los muertos de un anfiteatro lado a lado juntos
    solos

iba a gestarse de nosotros el universo y los siglos
    inmortales
que un suspiro que un pensamiento que un recuerdo
    pueden frustrar
mi pecho entonces mi corazón mis sentidos en mi pecho
tu boca tus labios tus dientes tu lengua
hasta el grito hasta el aullido hasta el llanto hasta la
    muerte
y ya nunca porque en mí quedó la manzana
la semilla de la manzana en mi pecho solo solo
atravesado y muerto por un puñal de oro dos puñales
    tres puñales
nacerán dos estrellas de tu vejez que el águila verá
    fijamente
a la orilla de los volcanes que te arrebataron al tró-
    pico
a la orilla de la nieve de los caballos de los trenes
    tardíos
de las cinco de la mañana que nos sorprendía muer-
    tos
que alumbrará tu carne sin olor ni dureza
que escuchará el grito desgarrado de mi pecho
solo sin tí sin tus palabras estúpidas sin tu silencio
sin tus dientes fríos serpiente sin tu lengua sin nada

34

esperándote en las arrugas envejecidas con un ciga-
    rrillo
en el olor vacío de tus lirios llenos de podredumbre
cubiertos con polvo morado

SALVADOR NOVO

CUATRO POEMAS DEL LIBRO INEDITO "RECINTO"

5

SI junto a tí las horas se apresuran
a quedarse en nosotros para siempre,
hoy que tu dulce ausencia me encarcela,
la dispersión del tiempo en mis talones
y en mis oídos y en mis ojos siento.
Ya no sé caminar sino hacia tí,
ni escuchar otra voz que aquella noble

voz que del vaho borde de la dicha
vuela para decirme las palabras
que azoraron mi fuente de poemas.
Decir tu nombre entre palabras vivas
sin que nadie lo escuche!
Y escucharlo yo solo desde el fino
silencio del papel, en la penumbra
que va dejando el lápiz, en las últimas
presencias silenciosas del poema.

En el silencio de la casa, tú,
y en mi voz la presencia de tu nombre
besado entre la nube de la ausencia
manzana aérea de las soledades.

37

Todo a puertas cerradas, la quietud
de esperarte es vanguardia de heroísmo,
vigilando el ejército de abrazos
y el gran plan de la dicha.

Ya no sé caminar sino hacia tí,
por el camino suave de mirarte
poner los labios junto a mis preguntas
—sencilla, eterna flor de preguntarte
y escucharte así en mí.   Y a sangre y fuego
rechazar, luminoso, las penumbras!...

Manzana aérea de las soledades,
bocado silencioso de la ausencia,
palabra en viaje, ropa del invierno
que hará la desnudez de las praderas.

Tú en el silencio de la casa.   Yo
en tus labios de ausencia, aquí, tan cerca
que entre los dos la ronda de palabras
se funde en la mejor que da el poema.

38

Tu amor es el erario inagotable
que costea el país de los poemas.
Viajes a la garganta de los pájaros,
claridad, y castillos en el aire.

Fiel a jurarse en sí, la ausencia espía
mi pena de horizonte y de ventana.
Regresan por los montes de mañana
las voces claras de tu lejanía.

Hoy te mando mi voz.   El mundo espacio
escultóricamente se arrincona.
Sólo en los ojos queda sangre.   Ciñe
la casa una cadena de palomas.

Ya no sé caminar sino hacia tí.
Tu ausencia da a mi pie pausas veloces.
Y el pie de nube extiende la extensión
toda oído de piedra y toda voces.

14

Cuando mis fuertes brazos te reciban,
las voces de la ausencia, dulcemente
contarán nuestros ocios —dos caminos
sin nadie, con los dos—el nunca y siempre!

Y la pareja de palabras lía
la profunda unidad. Y tanta cifra
se reduce a la orilla del encuentro
con azoro de ser la poesía.

40

Ya no sé caminar sino hacia tí.
La rosa de caminos de tu ausencia
alerta en mí el aroma del retorno
y la palabra oculta de su ciencia.

Oigo mi nombre en tí, soy tu presencia.

CARLOS PELLICER

POEMA DEL DESPRECIO

I

COMO un cuerpo de cera, o de Poesía,
o de cansada espuma, suave y lento
¡oh, qué dolor se disuelve en el viento!
Una aridez de sal la boca mía

de pronto empaña, y una gota fría
perla mi frente, y es mi gran tormento

sentir que cabe en sólo este momento
un siglo de dolor y de agonía.

En un tono callado sus violines
toca el aire del llanto en sus cabellos;
enmudecen y apáganse las cosas,

y en un súbito otoño cien jardines
hunden mis hombros, desplomando en ellos
una corona de marchitas rosas.

II

¡Cómo el cielo quedó desmantelado,
cómo el aire quedó sin un suspiro!
A través de tu ausencia el mundo miro,
y es un páramo seco y desolado.

43

Sólo por flechas de desdén cruzado,
perdió el éter su último zafiro;
todo en torno es tan triste, que retiro
mis ojos dello con dolor nublado;

los recojo, los guardo, los escondo,
los cubro con mis párpados espesos
bajo los mustios arcos de las cejas,

y los siento incendiarse desde el fondo,
como si me brotaran de los huesos
en doloroso emjambre mil abejas.

III

Sé que voy a llorar, que húmedas llamas
del pecho subirán a la garganta
y desde allí a los ojos en que canta
la muda voz del llanto, que en sus tramas,

44

como una enredadera entre sus ramas,
la vista oculta del dolor que espanta
al cubrir a los ojos con la manta
de cristal de sus líquidas escamas.

Un violento volcán brota en mi centro,
quema mi voz un manantial de fuego,
y de mis labios el silencio quito

mientras mis dientes los destrozan dentro;
todo se nubla, nada miro, y ciego
no puedo más, y me arrodillo, y grito:

IV

Haz de mí lo que quieras ¡lo que quieras!
Que mis vértebras rompan los caballos,
que destrocen mis miembros como tallos,
que se siembren mis dientes, que las fieras

45

rasguen mi carne en montes y laderas,
que dispersen mis ojos, que los rayos
de soles diferentes, tus vasallos,
beban mi sangre en tierras extranjeras,

que mis huesos blanqueen por los cerros,
que con mi lengua un sapo se alimente,
que mi sangre se mezcle con el lodo,

que mi sombra sea aullada por los perros,
que maldigan mi nombre eternamente,
la muerte, todo, más aún que todo;

VVI

Pero no la saliba del desprecio
sobre este amor que tánto he cultivado,
y a los pechos del sueño alimentado
hasta hacer tronco dél crecido y recio.

46

No lo tengas por cosa de alto precio,
no es un objeto fino y delicado;
pero es mi amor, y yo te lo he ofrendado;
y tú lo pisoteas con desprecio.

Si lo cuidé como se cuida a un niño,
si lo abrigué en las venas de mi pecho,
si me costó más lágrimas que risas,

es la flor de ternura y de cariño
que para tí mi corazón ha hecho,
y la tiro a tu paso, y tú la pisas.

RAFAEL SOLANA

LIBROS RECIBIDOS

DIECISEIS EJERCICIOS.—Enrique Asúnsolo R.—Imprenta Mundial.—Si algún defecto tuviera el libro de Asúnsolo, dese lo libertara el título: "Ejercicios". Dicen que al acercar el oído al pecho desos versos nada se escucha; será poca atención, que un oído fino claramente percibe, no el torbellino, no el torrente de la sangre golpeando un corazón apasionado; pero un armonioso movimiento de engranajes, una música astronómica, la de un reloj, de un lugar de trabajo y disciplina. Asúnsolo no ha tomado con tibieza la Poesía, sino solamente con un calor distinto del usual; amante del verso, no lo ataca con la furia del sátiro, ni vuelca en él llamas; lo acaricia y lo mima, lo pule y lo trabaja; el arte por el arte. Mejor aún: el arte embellecida por el arte.

Qué elevada lección de nobleza y dignidad nos da el poeta con su método y con su cuidado; no bebe en las fuentes clásicas, se baña en ellas; y, empapado en la más pura poesía española, no desdeña llegar hasta la latina, en busca—y adquisición—de temas y elegancias. Cómo suena alta y clara esta llamada, en la hora de los aficionados por que actualmente pasan las letras. No muere, se depura y se dignifica la Poesía de Enrique Asúnsolo, bajo el cuchillo del severo ejercicio.—R. S.

SORDA LA SOMBRA.—Octavio Novaro.—Edición Fábula.—Octavio Novaro es un poeta de corta edad, que acaba de aliviarnos para siempre del temor con que, desde que lo creímos factible, esperamos el advenimiento de la obra poética de su juventud. Pero por dicha; en compensación de la esperada, nos ha ofrecido otra, que aunque es de un poeta de corta edad, tiene ya los méritos de la de un señor, la del señor poeta en que se convertirá del todo, cuando además de sus obras lo autoricen los años.

Esto con relación al mundo. El mundo demanda ciertas formalidades, exige ciertos trámites, no nos otorga su beligerancia sin ciertos requisitos. El mundo

48

tiene mucho de oficina, y sus juzgados son, por más de un concepto, semejantes a los que oficialmente dependen del Poder Judicial. Los titulares de éstos, igual que los de aquéllos, se encuentran sofrenados por toda esa inepcia, por toda esa cobarde desconfianza, por todas esas taras de certidumbre que tal vez, allá en lo hondo, son la causa de que sus procesos se alarguen y retarden interminablemente.

Para nosotros, no es necesario tanto. A nosotros nos basta con tomar el sujeto u objeto por juzgar, con colocar en él todo nuestro interés, con entregarle abiertamente todo nuestro espíritu. Y sin más papeleo, solemnidad ni términos, fácil y simplemente, casi de modo automático, ya en el alma, en el rostro o con los labios, producimos sentencia. Y la de hoy que concierne y referimos al Señor Poeta Don Octavio Novaro, ha sido absolutoria. Por unanimidad (10 votos contra cero) lo declaramos digno de continuar escribiendo, y damos seguridad al pueblo de que sus actividades no son en modo alguno inútiles o perjudiciales, de que no constituyen mal ejemplo que pervierta o desoriente al principiante, y de que no aparejan riesgo de pecado contra la dignidad del hombre, la cultura, la nación ni la hermosura; entidades dignas de más respeto y consideración de los que últimamente, en especial entre nosotros, se les tiene.

En seguida, y para terminar, concretamos algunas afirmaciones sobre las cualidades que nos han movido a dictaminar en los términos expresados:

1º Porque posee un talento seguro y sutil, y una sensibilidad muy viva y delicada.

2º Porque no es amante de rarezas, ni admite entre sus ideas las ajenas, sino cuando las estima ortodoxas y fundadas y convenientes, y

3º Porque es sincero, veraz, bien intencionado y ambicioso. Efrén Hernández. (Siguen otras 9 firmas).

LOS SONETOS.—Rafael Solana.—Edición Fábula. 1936.—Hueco de un cuerpo. Presencia de una ausencia. Pretexto para un insomnio y un soneto. El dolor del deseo—carencia, ausencia—devuelto en el poema, en la forma ajustada a la sensibilidad y al pensamiento. Segundo libro de Solana que no es ya el impulso ciego, adolescente, que mueve la voz a la poesía, sino una consciente voluntad que pule el verso. Técnica. Estudio. Estética que vacía en el odre viejo y eterno del soneto la imagen complicada de la influencia moderna. Si la nueva obra "Espuma del Adiós" corresponde al anticipo de "Los Sonetos", sea bienvenida esa espuma—no el adiós—que nos deje el poeta.—C. T.

49

ABSOLUTO AMOR.—Efraín Huerta.—Edición Fábula.—Efraín Huerta vive un sueño de amor. Pocos como él, quizás, que amen, y tanto, la equilibrada belleza de las palabras. Parece encendido en ella y que se ha dado, absoluto, en cada una de las largamente amadas, mimadas palabras de su poesía. Efraín sabe lo que la palabra es para el poema y quiere siempre la más bella para decir su voz, y tanto, que con frecuencia ahoga en la neta belleza de la palabra su propia poesía, la más suya, la que a él sólo pertenece, la que en Absoluto Amor se va hilvanando a cada una con vueltas de plata y obscurece o brilla, en un juego moderno de luces Neón, o como esas frutas metálicas, que tanto gusta y nombra, que ahorcan la grata suavidad de sus carnes con hilos de cristal.

Porque a pesar de la física presencia en él de otras poesías que todo lo dieron a la arquitectura de la palabra olvidando, o despreciando, la húmeda armonía de la emoción, hay en Efraín Huerta un poeta verdadero, próximo en la seguridad, también en la sinceridad, de su expresión interior. Andrea y el Tiempo, uno de sus poemas mejores, hacen convencida nuestra afirmación; hay en él la calidad precisamente poética, es decir, la personalidad poética que lo harán desasirse de esa poesía tan torturada en el distinguido pero inútil juego de encontrar palabras, y que sólo dejan en nosotros el recuerdo de un desarrollo de paisajes, perfectos en su belleza, pero que nos dieron la sombra del descanso.

Ante todo, hay que decirlo, en ese uno, en esos dos valores que, solamente, las presencias literarias de México van dejando, Efraín Huerta cuenta en la más joven en llegar.—R. C. y T.

ECO Y RIO DE SOMBRA.—Elías Nandino.—Al llegar a los sonetos de Eco, entrevemos la imagen del poeta impresa en un espejo tibio; pensamos a Elías Nandino luchando dulcemente en el caos creador de la penumbra; viviendo con nobleza el insomnio turbiamente solemne de que arranca sus versos de soledad. Fría y delicada esa forma de sugerir heridas y gritos que desgarran vidrios, intenciones y carnes atentas.

Porque su poesía la escribe siempre desprendido de sí mismo: "vivo saliendo de mí...", advierte. Y aunque no lo advirtiese, con frecuencia—exquisita frecuencia—nos sentimos sin la mano que escribe, sin el pecho que siente. Nos consideramos viviendo la integridad de un poema.

A lo largo del Río de Sombra, unos paisajes fabricados con el tacto de unos labios frescos, de unas "manos como raíces". Ansiosa selva, fatigados árboles. Voz tenue, acariciante, sin tiempo. Y al final, ese río que camina de azul overol vestido...

Entre y sobre la obscuridad del poema, siempre una mañana limpia y sincera, cortante, en huída.—E. H. R.

50

Correspondencia a: Rafael Solana. - Querétaro 206- México, D. F.

SEGUNDO
TALLER POETICO

LO DIRIGE RAFAEL SOLANA, Y
MIGUEL N. LIRA LO IMPRIME

MEXICO
NOVIEMBRE DE 1936

SEGUNDO

TALLER POETICO

COLABORAN EN ESTE NUMERO

GOMEZ MAYORGA Mauricio

GONZALEZ ROJO Enrique

GUERRERO L. Enrique

L E R I N M a n u e l

M E N A A n s e l m o

N A N D I N O Elías

ORTIZ de Montellano

QUINTERO ALVAREZ Alberto

TORRES BODET Jaime

T O S C A N O C a r m e n

N O T A S

VISITA NOCTURNA

HACE tiempo que ignoro qué hacen los muertos.
Quiero ir a verlos a sus tristes palacios
a donde se llega durmiendo hondamente.

En los fríos salones sin muros
sobre los pisos de espejo

estarán esperando en sus tronos
en sus tronos estarán sentados e inmóviles
porque los muertos son blancos monarcas;
reyes de las lunas del agua.

Yo llegaré, yo iré preguntando sus nombres azules
mirando una tras otra sus caras vacías.
Hay algunas que yo reconozco;
las he visto en las nubes
en las manchas de humedad de los muros
en las cosas podridas en el fondo del agua.

Yo marcho vestido de sueño
saludando a los muertos,
dando mi mano dormida
a sus finas manos translúcidas
ellos son reyes y personajes terribles,
caballeros de tristes alcurnias
seres nefastos de ropas de nieve.

10

Al llegar al último trono
en el extremo del mundo, yo me despido
todos responden con sus voces astrales,
las voces del llanto del viento cuando sopla en las ruinas.

MAURICIO GOMEZ MAYORGA

ESTUDIO EN CRISTAL

(Del libro «ESTUDIO EN CRISTAL», en prensa)

AGUA profunda ya, sola y dormida,
en un estanque de silencio muda.
    Más allá de tu sueño, la memoria
en una tersa aparición de lago,
en una clara desnudez de cielo,
en reposo sin mácula de nube.
Sobre tu lecho, diálogo de frondas

con sílabas maduras en la tarde;
la joven rama verde que se enjuga
los dedos de esmeralda entre tus linfas,
traza arrugas de círculos fugaces
que liman la quietud de la ribera.
A la frase del viento que se moja
y besa con sus alas este olvido,
el sueño, el despertar, el sueño sólo,
y la imagen del sueño que resbala
por tu impoluta claridad de espejo.

Nace un tiempo sin alas, tiempo inútil,
encadenado a la falaz orilla,
quietas ya las gacelas de las horas.
La par presencia de los ojos hunde
en los vivos cristales la saeta
que hiere reflexiva a quien la manda;
el lumínico vaso se desborda
y hay una blanca y cegadora luna
que nace entre las ondas de improviso.
Surge la línea de horizontes nuevos,
yace el rojo crepúsculo de antaño
entre las fauces del dragón marino;
y el verde mar de la leyenda copia,
en su azogada plenitud nocturna,

13

la lividez del astro como perla.
No más color. Lo negro está en la noche,
y apacienta sus tímidos rebaños
de sombras por las sombras de la ruta
y hacia los prados límites del miedo.
Bajo dosel de mármoles felices,
en la hora precisa de los mármoles,
la segura mañana se despierta,
los cabellos desata, y ¡oh prodigio!,
va floreciendo en el palor del nardo
la bella y sola y plácida blancura.

En el cristal, la frente que se inclina,
purificada en su amplitud serena,
raudo bajel por las eternas aguas.
Ayer no más, flotaba entre las olas
víctima de los vientos implacables
y presa de los ciegos torbellinos.
¡Hasta cuándo, Señor, la misma lucha!
¡Hasta cuándo este vértigo! Las rotas
jarcias sin vida, las informes velas,
el mástil loco y el timón sin rumbo.
¡Sólo un milagro!... Y el milagro vino
exhalando los ángeles su aliento
más que el viento en la cresta de las ondas,

14

en sosegado aceite la premura.
Con la ilusión de la postrer escala,
el ancla se hunde en el ansiado puerto;
el chirriar de pesados eslabones
emprende el viaje hacia el abismo oscuro
bajo la losa de los cielos claros
y en apartada soledad de viento.
Prisionero en las velas recogidas,
un retardado són de las borrascas
se escapa de la cárcel de las lonas,
y el último gemido de los aires
se estremece en el casco sin sentido.
Hoy se refleja en el cristal la pura
majestad del olvido; y al amparo
de tormentas marinas, se crea
en la virtud de su silueta inmóvil
y en la firme columna del descanso.

¿Y la voz?   ¿Y la voz que siempre tuvo
ancho sendero en la florida boca?
Escapada al espejo de otros años,
corre tímidamente y se deslumbra
ante la misma luz que se refleja.
Nace aurora sin alas, tiempo niño,
puro el ensueño, la mirada loca,

15

irreflexivo el don de la palabra.
Torpe vuelo que sube y que culmina
en la ignorancia de su propia altura
y en la eficacia de su impulso alerta.
Mido sus remos amplios en la hora
que acaba de nacer, pero me falta
el instrumento rudo, fiel, preciso,
que me convierta en número su canto.
¡Líbreme yo, si en rapto de cordura,
ahogo el canto al exprimir la nota
y antes que la ascención miro las alas!
Pero la voz de la poesía eleva
consigo la virtud que se remonta
en apretada pluma de sonidos.
Raya el cristal su música de nieve,
y en el espejo de las aguas puras
se cristaliza una canción exacta,
libre y presa a la vez, cálida y fría.
¡Como este espejo en que contemplo el alma!

ENRIQUE GONZALEZ ROJO

V A R I A C I O N
A la memoria de Adrian Osorio

COBRAS en los horarios, desbandan,
asumen la huída, van a los muertos
grises, tirios locos, del alba.

Yo escucho aquí, adherido a las turbas
mudables y vinosas del momento,

lo más vivo que da al aire:
su tallo liso y viudo, sin regiones
que respalden al tacto,
y un cimiento de savia ácida
tramada en estatutos de sigilo,
de inercia y cobre, y sarta blanca.

Si acaso en ámbar detenido y mudo
su talle golpea el aire, recto,
si en cobaltos desnudos cae sin frontera
ni cuerpo, con sólo una corriente
frágil de acantos,
¿habrá un reverbero de agua justa
que fije su línea y la penetre
con deslumbres enjutos?

Traslúcido, entretanto, él fuga
en surgimientos siempre nuevos
poniendo a desnivel su contorno ártico,
desviando en el cristal las manos,
murándose la huída con biseles
altos de armiño.
Yo vine y dí con su inestable signo,
vencido en líquidos finales

18

donde su ramo prende albores tibios.
Y me huí a la intocable dilación
de ríos no llamados, en lo negro
que expande el timonel terso de los muertos,
hacia la copa deshecha en sangre
de los días heridos.
Allí le ví el silbo roído
en alba de vilos en suspenso.
(Subía la agraz montura de su espejo
a túneles de huída,
vertiendo al cielo gris
arboladura de blancos maleficios)

Desde entonces me habito
con burbujas lapidarias y valvas hendidas,
en las aguas erectas del esparto y la vida,
en el reborde puro y suspendido
qne da la savia de sus agonías.

ENRIQUE GUERRERO L.

ELEGIA DEL AMOR RECONDITO

I

TU recuerdo va cercando el tiempo,
parecemos un mástil
y una flor en el crepúsculo.
Si nada pasa en vano, cómo
tu voz habría abandonado
el oído.   Si la luz compuesta de colores
de colores permanece eterna, cómo

por mis ojos, al mirarte en la distancia,
desfilaría el olvido.   No, Sangre Mía,
que enrojece mis actos y los cubre
de joven primavera; no, Llama Azul,
tornada luna por las noches,
fuego fértil por el día y en mis sienes
ola dulce; poesía.
Si ya es distante nuestro amor,
si junto al cedro no florece el lirio,
si en mi corazón yace la tarde
desmoronada, queda siempre
tu imagen devuelta a mí
entre el grito final, ansia
propia de estar junto a la aurora.
Ya en el futuro cabe
un nuevo mar sin voz porque la tuya
se ha perdido entre los montes, las coronas,
el misterio y los volcanes.   Si pudiera restituirla
así como es, como
los ojos aun la tienen:
plata y lucero, agua y alondra.
Pero los días consumen el anhelo
y tengo tus brazos
entre mis horas, entre la sed,
sobre la duda, tras la memoria,
entre las alas violentas del olvido.

21

II

Estamos uno a otro desprendidos,
con la llave del amor perdida;
ciego el corazón y la pupila
cerrada cuando más abierta
estaría.   Todo cumple su carrera:
el río al mar, la nube al viento,
el mar al fondo del abismo azul
mitad coral y resto voz, y todo
va directo a unirse consigo mismo,
sobre su propio cuerpo,
bajo su piel, en el camino
de la vena que late dos y tres y quince
veces, con igual constancia
sin hallar que es ella
repetida.   Y todo irrumpe nuevamente,
y es flor, hamaca, junco, primavera,
grito, llama, sombra y gacela.
¿Y quién desdice
que me mueves a repetirme siempre?

22

III

Ahora, cerrar los brazos,
cerrar las manos, cerrar los ojos, cerrar
el amplio círculo que me detiene
para no volar a tí.   Sobre los pájaros
hay una nube, tras la nube, tú.   Pero
en mi cielo abren flor las veinte heridas,
quince mil, causadas
por una bella flama: tú.
Y así perfecto en el dolor y en el espacio
con fé avisoro el mundo, otro mundo: tú.
¿Puedo negarlo?

MANUEL LERIN

ESCOLIOS

I

HOY subiré hasta ti, mi clara luna,
por tus mangas de encajes tenues
y por la orla de las copas rebosantes.
Subiré hasta tus cejas negras,
libres del hechizo del odio.
Subiré por la cidra de tus cabellos,
despeinados entre las nubes,

por las palabras de un sobrenatural lenguaje,
por la respiración en ritmo sensible
de la corbata azul de la noche.

Mojaré mis pies desnudos
en el más profundo acero marítimo.
El solo nombre de la muerte
llenará el alma de pavura,
mas los árboles y las rosas se inclinarán
de uno o de otro lado,
en medio de las duras tormentas.
Mírame en el rumor de las olas.
Mira mis largos huesos blancos,
que están estrechamente unidos
a estos pequeños huesos transparentes,
del color de la luna.

Mis ojos te mirarán en el silencio,
mis labios callarán definitivamente,
pero mi corazón, amor mío,
en una sola llama viva,
en una sola vez y en un solo deseo,

25

te dará sobre el mundo
todo mi amor bajo la clara luna.

II

Ay de quien, amante esquivo,
rehusar intenta la jara
que predilecto motivo
del infante fugitivo
voladora le depara
y en el corazón acierta
a clavar temblando. Muerta
irá el alma, muerto el sueño.
Ay de quien tan duro empeño
en sus quebrantos despierta.

Prenda mía. Cruel olvido
que dulcemente poseo
si del recuerdo surgido
llega junto a mí venido
por arte de mi deseo.

26

[86]

¿Cómo amor tan singular
podrá otro amor igualar
si está en el sueño despierto
y si vivo cuando muerto
para volverme a prendar?

ANSELMO MENA

EL azul es el verde que se aleja;
verde color que mi trigal tenía;
azul de un verde preso en lejanía
con que tu fuga construyó su reja.

Inmensidad azul, donde mi queja
tiende su mudo vuelo de agonía,

para buscar el verde que tenía,
verde en azul, allá donde se aleja...

Mi angustia en horizontes libertada,
se inunda en un dolor de transparencia
para traer tu cuerpo a la mirada.

Y en el azul que brota de la esencia
de gozarte en un ritmo de llegada,
yo sufro la presencia de tu ausencia.

ELIAS NANDINO

S O N E T O S

(Definición del soneto: El soneto es la forma lírica de la definición.)

EN DONDE SE CONCIBE LA DUDA ENTRE EL CUERPO Y LO QUE NO ES EL CUERPO

Si es el cuerpo no más el que delira
Forma extraña recuerdo de mis manos
Sueños que no advertí por inhumanos
Palabra la de mármol y mentira

Si es la sombra reflejo vano, brisa
Sólo huella de pasos pieles rojas
Y su fuerza la rama que deshojas
De su festín de luto y de ceniza

Si el vuelo y la pisada son la misma
Cera de sangre y fuego en otro prisma
¿Cómo al sueño mi cuerpo se conforma

Y al gozo de la imagen se aventura,
Renovada la gracia de la forma,
Y pesa luego en la vigilia dura?

DIALOGO ENTRE LA VIDA DE LOS SENTIDOS Y LA MUERTE, VIDA, DEL ESPIRITU

Lo que mis manos de su tacto saben
Saben mis ojos de su geometría
El oído distingue noche y día
Por el fino metal con que se graben

31

Gusto y olfato su placer hastía
Dando al cuerpo sabor de lo que saben
Aroma el aire donde voces caben
Líquida solidez del agua fría

Pero sombra y albor el alma asila
Sentidos de más fina certidumbre
Y en su silencio escoge y asimila.

Soplo alterno ceniza de la lumbre
El espíritu nace y se aniquila
Muerte en la vida de la podredumbre.

EN DONDE, DESPOSEIDA, CAE LA SANGRE EN LA UNICA BELLEZA

AL rostro muerto, azul, sangre de hielos
Nace, nueva noticia, la mirada
En lo inerte del alma germinada
Con el acero turbio de los sueños

32

Muro celeste que la sombra escala
Paraíso de formas de la estrella
Duro seno de nubes que desuella
La mano de sudor cristalizada

En el desierto espejo de la noche
Que descubre lo pálido del cuerpo
Y el sexo solitario de su fuego

Mi mundo se desangre en otro goce
Que goza de taludes sin consuelo
En la estéril belleza de lo muerto.

A LA ALEGRIA DE LA VIDA
Y DE LA MUERTE

Espíritu que nace de lo inerte
Negación de placer, cuerpo dormido
Indolente conciencia del sentido
Que goza de la rosa de la muerte

53

Otro placer sin sombra ¿quién advierte?
¿quién muda de color, descolorido
Sin sentir en la sangre que lo ha herido
El paso sigiloso de la muerte?

Y si ese labio calla y otro miente
Y es el cuerpo la letra y la medida
Y el arte de morir es inconciente

Color el agua sangre y no deserte
Que al fuego de la sombra de la vida
No se escape mi sombra de la muerte.

ORTIZ DE MONTELLANO

DOS CANTOS DE ESTIO

VERANO CLASICO

LA línea de tu nieve
tiende todas las voces de tu manto;
el aria de tu viento
acelera las flautas de los campos;
hay un aire que hiere,
sobre el extenso abrazo de los fresnos,
el agua de sus cántaros,

y contenidas sombras que detienen
el espeso verano.
Curvos caminos grises se suspenden
en silencio que espera
torrentes en la gloria de mi canto.

BORDO DE CAUDALES

CÓMO gasto tu nombre en largos caminos.
    Así en largos versos que se van tendiendo
    en horas aprehendidas, en horas solitarias.
La mañana del veraneo es cada día fresca,
o más alegre, o amanece en las faldas lodosas
callando su ancha y ciega lluvia.
Hay un haz de luz en la celda en que te escribo
que va bajando con su aguja de tiempo;
su caudal amarillo es polvoriento y móvil;
luego se enturbia, se dispersa,
se pierde en su cuadro húmedo y tardío.

36

Siempre vengo a pensarte en un olvido largo
porque el estribillo de tu voz me acecha en tardes
    inesperadas,
y lo guardo para venir a ponerlo en el desierto de
    mis páginas.
Pasó toda la noche en el campo donde lo he dejado,
en el lento transcurso de las horas de vapor negro,
hasta la madrugada hecha de frías manos
y campesinas frazadas, y partir de rebaños dormidos
    todavía.
Y ahora lo tengo como una voz que alza oídos
y acelera el eco que responde en mi alma.
Yo no sé qué ríos violentos desata el espeso verano;
van debajo del camino rodando y aparecen
en un escollo de árboles oscuros y cargados.

Qué ríos que yo no podría decirte sino en largos versos,
porque contienen mi vida turbia que se dispersa
y es vapor de lluvia abrazando frondas y llenando
    calzadas.

ALBERTO QUINTERO ALVAREZ

PENETRO al fin en ti
mujer desmantelada
que, al terminar el sitio
secreto del invierno,
ya sólo custodiaban
fingidos centinelas
y pálidas estatuas:

ejércitos de sombras
y muros de fantasmas.

Penetro en tí por fín.
Y, entre la luz que filtran
estrellas y palabras,
voy pisando en los húmedos
peldaños de tu alma
—un cuerpo junto a otro—
cien horas degolladas.

Me inclino... Una por una
las reconozco, a tientas.
Un ruiseñor de plata
oscuramente, en ésa,
contra una jaula exacta
estuvo, día y noche,
rompiéndose las alas.
En ésta... No sé ya
lo que en esta pereza
apolillada y blanda
moría o principiaba.
Esquivas formas truncas,
presencias instantáneas,

39

deseos incompletos,
dichas decapitadas...

Y pienso: en mí, vencido,
y sobre ti, violada,
¿quién izará banderas
ni colgará guirnaldas?
Mujer, fantasmas eran
tus centinelas muertos,
relámpagos de níquel
sus trémulas espadas;
pero las sordas huestes
de cóleras y asombros
con que te fuí venciendo
también eran fantasmas,
y las furias que pasan
ahora —a sangre y fuego—
rodando por los últimos
peldaños de tu alma
fantasmas sólamente
serán en cuanto calles,
ceniza, polvo, sombra:
¡fantasmas de fantasmas!

JAIME TORRES BODET

VIDA ADENTRO

I

DESPEDAZADO anhelo se repartía en indicios
y vivía las quimeras de su propio deseo
porque el alma buscaba y era el alma de nadie
era el alma de todos que sólo había en tu cuerpo.

Era urgencia vital de reafirmar en alguien
las calidades íntimas que requería el destino

e integrarse en el todo, rehabilitando fuerzas
gastadas en la torpe ceguera primitiva.

Cuando llegaste tú, sabor de tierra,
tierra dura la tierra prometida,
insinuación de dicha y vida nueva.

II

Deja decir a amor la trayectoria
que recorre en su afán para encontrarte:
va del sueño al recuerdo, y el deseo,
subconsciente o consciente, da la imagen.

Imagen tuya, aliento que me dejas
como una negación de lejanías,
modo ingenuo del alma de alcanzarte
sin distancias que impidan la caricia.

42

Esperanza y angustia, das el tono
a la voz que se mueve hasta cantarte.
Veneno eres, y fuerza, y sangre tibia,
para la vida que supiste darme.

Tu presencia y tu ausencia, vida y muerte
son, en que oscilan sueños y vigilias:
que es morir, el no verte, por desearte,
y es vivir, el desear, por verte un día.

III

Y ahora
el presente:
único tiempo de nuestra alegría.

Mientras ruedan perdidas las nostalgias,
los sueños, los pasados,
y se integra y adquiere su sentido
la realidad profunda y presentida.

43

La verdad, la ternura y los deseos
en que nuestros destinos se unifican
son el camino juntos, vida adentro.

CARMEN TOSCANO

GACELA DE LA TERRIBLE PRESENCIA

Yo quiero que el agua se quede sin cauce,
Yo quiero que el viento se quede sin valles.

Quiero que la noche se quede sin ojos
Y mi corazón sin la flor del oro.

Que los bueyes hablen con las grandes hojas
Y que la lombriz se muera de sombra.

Que brillen los dientes de la calavera
Y los amarillos inunden la seda.

Puedo ver el duelo de la noche herida
Luchando enroscada con el mediodía,
Resisto un ocaso de verde veneno
Y los arcos rotos donde sufre el tiempo.

Pero no ilumines tu limpio desnudo
Como un negro cactus abierto en los juncos.

Déjame en un ansia de obscuros planetas,
Pero no me enseñes tu cintura fresca.

Federico García Lorca.

FEDERICO GARCIA LORCA

García Lorca, el gran poeta de la hora, ¿ha muerto?, ¿no ha muerto? Ha muerto ¡qué duda cabe! si ha caído en poder del chulismo criminal, para quien el genio, el talento y la cultura son palabras aborrecibles que hay que echar a la hoguera, en donde se queman libros en la plaza pública. No ha muerto ¡sería imposible admitirlo! si han de cumplirse los angustiosos deseos de quienes veían en el sucesor de los viejos romancistas y de las más puras glorias del gran teatro, materializarse en obras sorprendentes el genio que vive y que revive ahora nutrido en las mejores vetas de la vida y del pueblo español.

Sus lectores de México, que ya son legiones, se preguntan todos los días si el nefando hecho se habrá consumado y esperan con ansia el milagro de una desmentida. Y saben que si García Lorca ha entrado definitivamente en la gloria por la puerta de la sangre, el eco de las protestas va a estar retumbando por toda una eternidad.

Hace varios años que México le esperaba, como él esperaba hallarse algún día en México. Aunque conozco ya casi toda América—decíanos no hace mucho—, todavía no conozco América, mientras que no haya llegado a México, en donde ya sé que encontraré mi mayor atracción espiritual y cordial. Decíalo con su gran voz redonda, por donde parecía escapársele el corazón. Pero, espera, Federico, espera vivo o muerto, que aún es tiempo...—G. E.

45

LIBROS RECIBIDOS

CUADRANTE DE LA HUIDA.—Enrique Guerrero.—Taller Poético, 1936. Al fin está entre nosotros el compañero Guerrero, con un sencillo acto de presencia poética. Su llegada es indicio de seguridad artística, no señal de impaciencia. Sus poemas son quietos, misteriosos y claros como una angustia solidificada. No suenan a hueco. Distarán mucho de gustar a la mediocre y cómica clase media, que siempre ha tenido—y tiene—sus merecidos panegiristas—romancistas, soneteros, cancioneros—; porque sabemos que sus versos no son falsos, que nada ha matado con el atinado uso de su firme y precisa imagen. No; y la prueba es que en sus poemas mejor logrados, la expresión, que fácilmente podría hervir, nos viene serena, convincente, exacta. Enrique Guerrero, estudiante de arquitectura, inicia su trayectoria poética. Y siempre estaremos con él: luchando contra vientos y mareas, contra ciertas refinadas vulgaridades, contra la poesía de azúcar y burocracia servil. Contra los cursis. No inventamos fantasmas; pero el Frente Unico de la Mediocridad, integrado por los impotentes, los jovencitos sabios, los viejos dómines, es nuestro mayor enemigo. Enemigo de paja, violento, inflamable. Pero estorbo, al fin. La poesía de Guerrero es como un buscapiés en esta feria de versos que se ha establecido en México.—**E. H. R.**

INALCANZABLE Y MIO.—Carmen Toscano.—Taller Poético, México, 1936.—En la poesía de Carmen Toscano hay fuego y viento; pero es admirable encontrar, nivelando el aire lírico, ese sentido inteligente que modula voces demasiado apasionadas y eleva el canto humano a formas civilizadas. Acostumbrados a una tradición de poesía femenina de explosiones y relámpagos, la palabra de Carmen nos sorprende como un puerto sereno desde el que se puede, sin embargo, contemplar la violencia del mar y aun mojarse suavemente en ella.

46

Y otra cosa, Carmen Toscano se halla tan cerca de la real poesía, que la nombra claramente, fuerte y sencillamente, sin la necesidad seductora de recurrir a la sombra de las palabras y a la selva del inconsciente. Expresión pura que corresponde con exactitud a la espontaneidad del brote poético.—E. R. y R.

SALUDO DE ALBA.—Alberto Quintero Alvarez.—Edición Diana.—1936.— Detrás del escaparate de una muy elegante y cuidadosa edición, nos es dado contemplar la gestación de un poeta, que parte de un caos sólo iluminado por ráfagas para cuajar, ante nuestra propia vista, en la flor y el fruto de poemas que fijan ya a Quintero Alvarez en el primer cielo movible de la poesía mexicana contemporánea.

No parece un libro corregido y revisado, sino el correr libre y franco de cuatro años de formación literaria. Las lecturas del estudiante se denuncian como faroles a lo largo del camino; y, por sobre todas ellas, vuela siempre el espíritu propio del poeta, que no se detiene, que conserva la vista fija en un punto ulterior, y que, incesantemente, va ocupando plazas, como un ejército de conquista, va subiendo, escalando.

En "Saludo de Alba" el autor está muy por encima del libro; no es, en este caso, la obra lo importante, sino quien la ha escrito; libro nebuloso, sin banderas definitivamente sentadas, libro movible e insatisfecho como un río, a través de cuyo cauce seguimos las huellas que nos conducen a un poeta. De cumplir lo que en su obra de presentación nos promete, Alberto Quintero Alvarez, habrá ganado un lugar de preminencia en la más joven avanzada de la Poesía.—R. S.

CORRIDO DE DOMINGO ARENAS y MUSICA PARA BAILE.—Miguel N. Lira.—Fábula.—1936.—Del primero es la segunda y definitiva edición, adornada con justos y preciosos esténciles de Julio Prieto; del segundo, la primera audición, también acompañada por dibujos del mismo ilustrador. En 1932 el Corrido del "panadero" colocó a Miguel en el puesto bien delineado que hoy ocupa. Hoy nos lo entrega aumentado con cinco más, de los cuales el de la "Niña sin Novio", que conocíamos del número 1 de su FABULA, nos parece el más agradable y "miguelenelírico". La segunda salida de Domingo es en verdad una "salida", pero con tono, y olor—¿el santo olor de las pana-

47

derías?—; y quien sepa de la lealtad poética de ese trabajador del arte que es Lira, no dudará un instante de la afirmación nuestra. Con razón y merecidamente ese corrido—el libro todo—es como un absoluto cariño de su autor.

En "Música para Baile" oímos tres danzas: una rumba, un tango y un mariachi, tocadas por bien educados instrumentos. El librito tiene todo un sonido de música verdaderamente popular y, diríamos, social. Puestos a escoger la pieza a bailar, intentaríamos de plano con las tres. Nuestra pareja sería la "Niña sin Novio", bien que en inminente trance de conseguirlo.—E. H. R.

PATRIA Y CORAZON.—América Fernández.—Imprenta Mundial.—1936.—La bella y joven autora consigue, desplegando desesperado entusiasmo, llenar numerosas páginas, explotando todos los temas conocidos. Libro escrito de prisa y sin cuidado; cultivando su estilo, y podando su obra copiosa, la poetisa podría ofrecernos, sin duda, algo mejor.—R. S.

VEINTIUN POEMAS.—Neftalí Beltrán.—Editorial Barco.—México, 1936. Con veintiún poemas y solamente diez dedicatorias, en que las caídas están en mínima proporción de los aciertos, Neftalí Beltrán se presenta, no ya con los pasos titubeantes del que se inicia, sino con la tranquilidad y la soltura del discípulo muy aventajado, y tánto, que en algunos aspectos se hace desde éste su primer libro, y desde éstos sus veinte años, acreedor al título de maestro. Poeta de auténtica inspiración, de hondo sentimiento poético, de refinado gusto, y de completas y bien asimiladas lecturas, Beltrán se muestra, más que todo eso, un habilísimo manejador de algunas formas clásicas, obteniendo sus mayores triunfos precisamente en aquello que suele ser Scila y Caribdis de los principiantes; en el soneto, manejado con espectacular facilidad, rayana en la pirotecnia, y en el romance, gastadísima moneda a la que da Neftalí valor propio, impregnado de personalidad y de gracia, en esta hora difícil en que son tántos a arrebatarse la herencia de un poeta recientemente asesinado, una vez en el cuerpo, y muchas en la obra.

Auguramos a Neftalí Beltrán una muy próspera carrera. Si a su corta edad ha sabido dominar con brillantez la técnica, pronto podrá correr libremente de su pluma, sin dificultad de expresión, el torrente de auténtica poesía que ya se deja adivinar en esta su primera obra, que, a pesar de este mérito, insistimos, es más la obra de un prestidigitador de la retórica y la poética—

48

peligroso—que la de un poeta sincero y desenvuelto, el que esperamos surgirá pronto, sin la preocupación ya de sorprender a la cátedra con ingeniosos y felicísimos juegos malabares.—R. S.

CANCIONES PARA MUJERES.—Octavio Novaro.—Ediciones Simbad.— 1936.—Entre todos los imitadores de García Lorca, merece lugar destacado, por la fidelidad y el buen gusto, Octavio Novaro, que si en sus inicios como poeta "independiente" no obtuvo éxito de público, por esta senda, en cambio, pronto conquistará una legión de admiradoras. Con un grupo de jóvenes poetas, se propone Novaro, al fundar "Simbad", hacer ediciones modestas, sin llegar a indigentes, de obras al alcance de todas las fortunas, incluso intelectualmente hablando. Ojalá ellos la alcancen en el grado que esperan.—R. S.

Correspondencia a: Rafael Solana. - Querétaro 206 - México, D.F.

TERCER
TALLER POETICO

LO DIRIGE RAFAEL SOLANA, Y
MIGUEL N. LIRA LO IMPRIME

M E X I C O
MARZO DE 1937

TALLER POETICO

TALLER POETICO

COLABORAN EN ESTE NUMERO

BELTRAN Neftalí

GALVEZ Ramón

GONZALEZ MARTINEZ Enrique

GUTIERREZ HERMOSILLO Alfonso

MATA Carlos

MERCADO Gabriel

PALACIOS Emmanuel

PAZ Octavio

VILLAURRUTIA Xavier

NOTAS

HAS de ser siempre ausencia.   Te esperaba...
Mi corazón abierto al infinito
anhelaba tu amor, el exquisito
goce de estar contigo.   Yo te amaba

más que a las nubes, y al jardín, y al mito
de la creación del mundo.   Te deseaba

cerca de mí, y próxima expiraba
una tarde de cielo de granito.

Vivo y espero en tí.   Con tu llegada
—serás el horizonte de mi vida—
nuevos caminos se abrirán.   Presiento

tu voz en el silencio, y tu mirada,
ha de traer muy pronto a la escondida
noche de mi vivir, un nuevo aliento.

CASTIGO de las manos
torpes, que no pueden
tocar las luces de los astros.

Castigo de los ojos
que miran hacia fuera.

Castigo de los ojos y las manos
que no pueden
ni mirar ni tocar la poesía.
Felicidad del corazón
porque puede sentirla y transformarla,
porque puede mirar
la belleza interior de las cosas,
e impresionarse
— como una placa fotográfica —
de la luz de los astros y la aurora.

NEFTALI BELTRAN

HA llovido y sabemos:
no llegará la muerte.

Estrictamente quedan
preparados los húmedos terrenos
y solamente faltan

labriegas voluntades
y prodigiosos dedos
que suelten vida a puños.

Háblese en voz morena.
Háblese en voz certera.
Así la yerba indica,
con su raíz, firmeza
delgada y simple verde.

Como guijarro fijo
en su adecuada tierra,
como sures y nortes
señálanse precisos,
como el monte en su sierra
y la sierra en su mapa
sea lo que yo pronuncie.
Como todo esto dicho.
Sin aumentar linderos,
sin corregir perfiles,
no me adjudique nada
ni derrame el vocablo.

13

Entregue olor de potros
que sudaron al trote.
Diga el rasgo del frío
que endureció mis poros,
distinto de la lluvia
que suavizó epidermis
de los suelos reseca.
Diga el impulso, el brazo
que ejercitó el muchacho
y la flor apretada
de las íntimas ramas.

Se adaptan a mis toscas
comisuras, las gruesas
cuarteadura y raigambre
de vegetal y fósil;
el desarrollo recto
del círculo; el erróneo
proceso de humos húmedos
y presión de ventisca
sobre pisos perfecta.

14

Persistan la ruptura
de encías, dentadura
que desgarre y juntura
líquida, cuerpos sombra
y seguro el injerto.

Corta caída, largo
nutritivo reposo
y brote — después — turbio
rumbo alto.   Se repiten
sonido, asombro, encierro,
y fibras vigorosas
los antiguos retoños
y retoños superfluas superficies.

Sello certificado:
No llegará la muerte.

RAMON GALVEZ

POEMA DEL ORGULLO

MORDAZA de pudor para mi ruego;
apáguese la voz, y no mendigue
de plaza en plaza como niño ciego.

Venda de discreción para mis ojos,
porque vele el cristal de la agonía
en los párpados húmedos y rojos.

Grillos al pié y esposas a la mano;
no vayan por allí, de puerta en puerta,
pidiendo asilo al egoísmo humano.

Perdóneme el decoro de la vida
si alguna vez el trágico lamento
se fugó por la boca de la herida.

Cruzaron por mi lírica llanura
náufragos sueños y esperanzas rotas;
mas el alma está en pié, y el canto dura.

No se desgasta el mar con tantas idas
y venidas de naves que dispersan
de golfo en golfo el ansia de las vidas.

El blanco surco que la quilla ahonda,
la superficie azul apenas raya,
cuando lo anula el paso de la onda.

17

ahoga al buscador de vellocinos,
cubre el naufragio, traga la odisea,
y esconde caminantes y caminos.

Hunde el bajel y la escollera arrasa;
mas vuelve a su orgullosa mansedumbre
cuando el fragor de la tormenta pasa.

Sepulta el bien y el mal, hasta la hora
en que rompan los muertos su clausura
al toque de clarín de nueva aurora...

Yo, que supe de cántico y gemido,
no he de confiar mi oculto pensamiento,
que guarda lo ganado y lo perdido,
a la pueril frivolidad del viento.

Diciembre de 1936.

ENRIQUE GONZALEZ MARTINEZ

T I E R R A

VIVIMOS hasta ayer el minuto del sueño
que no será posible continuar en la muerte.

Despertaremos hoy, hermanos suplicantes,
despertaremos para siempre.

Guardad bien los recuerdos, que yo traigo los míos
estremecidos por la frialdad de mi cuerpo.

Viviremos desnudos, sin más armas
y sin más holocaustos para la fuerza fuerte
pero abiertos los poros al tormento.

Se hallará con los párpados una luz que no alegra
y el vuelo,
vivirá con los pasos que destruyó la muerte.

Despertaremos hoy; que mis palabras,
hermanos suplicantes, os prevengan.

Apenas ayer, cantábamos.
Apenas ayer, sonreíamos.
Dejarán nuestros ojos de adorar los colores
sólo abiertos al rítmo de la sangre.

20

Dejarán nuestros brazos de mover su alegría.

Y nuestra boca, amigos, nuestra boca de besos
esparcirá secretos de lumbre.

Apenas ayer, cantábamos.

Apenas ayer, sonreíamos.

Tuvimos un paraíso que nuestras propias manos fabricaron,
pero los dioses han querido, tan sólo,
darnos la tierra.

ALFONSO GUTIERREZ HERMOSILLO

P O E M A

CUANDO sean nuestras vidas
       horas desparramadas en el tiempo
          y nuestras palabras más hermosas
fugitivas del gran silencio
y nuestros días claros cenizas
y nuestros recuerdos
piedras blancas y solitarias

en este misterioso camino que recorremos,
entonces,
¿quién recogerá nuestro grito
y nuestras lágrimas
y nuestros juramentos?
¿quién recogerá el polvo tembloroso
de nuestros sueños?

Quizás habrá alguien que sepa
que alguna vez tuvimos juventud,
pero,
ese alguien, como tú,
como yo,
como nosotros,
estará perdido, profundamente sereno,
con la serenidad de las aguas tranquilas
y de los cielos,
en los días en que las nubes se alejan
y se detiene el viento.

Agua de nuestras soledades habrá para nuestros labios
en lugar de este buen vino que bebemos.

23

Y tú y yo,
¡qué extraño sonido el de nuestras voces!
y qué lejos.
qué lejos
de todo lo que hoy buscamos
y está tan cerca de nosotros
y es sin embargo ajeno.

CARLOS MATA

EMPEZAMOS en éxtasis de besos, por preguntas muertas,
en holocaustos de carne,
    en altares extrangulados de esencias,
en gritos confundidos lentamente,
fugándose por penumbras, por elementos de vida nueva,
por miradas, oídos, cuerpos,

deseos entrelazados en marchas forzosas:
camino de la historia.

Contemplando las obras creadoras,
en lucha titánica de seres,
en comunión de colores.
La vida fluye a borbotones, cada segundo,
cada instante, de lo eterno;
brotando de todas partes, razas, costumbres, religiones,
prólogos y epílogos.

De todos los movimientos.

Rompiendo vidas sonoras de sangre,
dilatados de astros, de bujías, de ecos,
sepultándose en lo caído, en lo desesperado, hacia nunca;
sin huír, por mares amargos.
Ni peces vestidos de lana,
ni aspas de estrellas;
deshojando faroles exóticos,
en carnavales de fuego.

26

Nada, nada.

Sino troqueles fundiéndose en una espera blanca, como un suspiro,
por precipicios de labios,
por enigmas entrecruzados de cristales y planetas,
como amores dinamizados a altas potencias,
reconcentrados de filos como cosas que principian dando tumbos
de caracoles y horizontes.

Por eso se juntan todos.
Para sonar el aire con distintos idiomas,
y así crece el concierto de bocinas, de cascabeles, de campanas
nupciales,
llamando, llamando sordamente al vacío,
tal vez para romper los hilos de lo desconocido;
por crepúsculos tibios, altos, inaccesibles,
hay ménades escarbando con pezuñas rojas,
grandes campos de cadáveres, de anatomías desfiguradas, de fósi-
les,
en sueños blancos, como ángeles mutilados.

27

Seguramente podría huír de rutinas,
con mi pulso, con mis pasos, con mi alma,
hacia primaveras,
sonoras de flores, de tiernos espejos azules,
de aguas y veleros velados de viento;
desintegrándome en sueños de caballos rojos,
desmesuradamente abiertos de distancias,
de relámpagos prendidos, de metales celestes,
para llegar a la gran vía láctea
en luna de miel, y máquinas, y alas recamadas de espacio,
derramándose de alturas y ecos y silencios.

GABRIEL MERCADO RAMIREZ

(F R A G M E N T O)

¡Sí ha llegado la noche!
   Sus solemnes pasos me han estremecido blandamente.
   Su gran aliento vive en este viento que sopla
en ese croar de ranas bajo el agua
en el inacabable grito de los perros
en la grande quietud del aire que viene a veces
en las lejanas voces que se apagan.

Los grillos dicen que ahí está la noche
y el juego oculto del aire que mueve las cortinas
y a veces la tormenta
y también la voz de la lluvia que en su ancho seno se
    desata.
Es el azoro de los álamos en los arroyos
y la quietud de la milpa de tierno verde en el día.
Su posesión se extiende largamente
cierra los ojos de los cuerpos que se agitaron todo un correr
    del sol
ocupa sus mejores sitios
ahí está en donde un ensueño se levanta
o preside las vigilias que conmueven un alma.
He andado por la noche los caminos
todo el pavor de la naturaleza estaba con el espíritu de la
    noche
su cuchicheante voz recorría los senderos
y los pinos olorosos sólo miraban su propio silencio.
He visto la noche desnuda
recién bañada por la tormenta·
su bello pie jugaba el agua de las grandes avenidas
sus brazos descansaban en la arena menuda
su blando pecho ahí quedaba
dormía y su aliento jadeaba en la hierba diminuta.

30

Hay vidas vegetales que sólo a la noche responden
y arbustos fieles que a su contacto desatan su perfume
y delicados brotes que adelantan en la noche
y flores raras que le guardan su belleza.
Hay los cuerpos que la buscan para que germine una nueva
    existencia
y los que se dejan vencer por su peso
aquellos que la procuran porque sólo entonces pueden tener
    los ojos abiertos
los pequeños cuerpos de corazón como una mandarina
    hablan a la noche
le dicen su secreto en palabras que se cabalgan como peque-
    ñas olas
conversan largamente una conversación oculta
luego viene a invadirlos la noche y a cerrar sus afanosos
    labios
mueve su hálito su pecho y pone una sonrisa dibujada.
Hay las manos que buscan un cuerpo para que su sangre se
    confunda con la noche
¡he visto los ojos extasiados para siempre en la noche:
ojos de vidrio, yacentes cuerpos bocas que besan la
    tierra!
¡todo en la oscuridad de la noche!
y las que viven de su tierno calor

31

alimentando la raíz de los besos.

Los pájaros del cielo apenas se anuncia la noche vuelan a
los árboles copudos

y los zenzotles   los gorriones y las palomitas torcaces   en
la noche enmudecen

y unos pájaros del campo   zancones   a esas horas son un
misterio:

en el día no les espantan las cabalgaduras su paso menudo
pero la noche los ahuyenta.

EMMANUEL PALACIOS

S O N E T O S

I

PERDIDA en el azoro y el desvelo,
clavel entre los valses, fugitiva,
—prisionera del aire que cautiva—
era luz en destierro, fijo vuelo.

Ató en la danza músicas su pelo.
Y en prenda de relámpago, furtiva,

me dió la esencia de su carne viva
la delatora sed de su pañuelo.

Era su dulce atmósfera de nube
el alto abismo de lo nunca asido,
lo que se hunde más, si más se sube.

Y ligando lo cierto a lo presunto
inventó la ternura y el olvido,
eternidad y ausencia, todo junto.

II

NUBE suspensa, cruel, deshabitada,
dulces danzas de luz inmoviliza
y cruda luz en vértigos irisa
tu adolescente carne desolada.

34

¡Qué fértil sed, bajo tu luz gozada!
¡Qué tierna voluntad de nube o brisa
en torbellino puro nos realiza
y mueve en danza nuestra sangre atada!

Vértigo inmóvil. Avidez primera.
Aire de amor que nos exalta y libra:
danza la carne su quietud ociosa,

danza su propia muerte venidera,
y nuestra sangre obscuramente vibra
su miserable desnudez gozosa.

III

DEL verdecido júbilo del cielo
luces recobras, que la luna pierde
porque la luz de sí misma recuerde
relámpagos y otoños en tu pelo.

35

Dulce viento desnuda tu desvelo,
desata de tus hombros lluvia verde
con olas rizos en sediento vuelo
que en luces tiernas tus espaldas muerde.

Nacen del tacto estremecidas voces,
en orillas de luz un lirio ardiente
y de tu herida piel crecidos goces.

De sangre y marmol y convulsa espuma,
bajo del verde cielo adolescente,
tu carne da su enamorada suma.

IV

BAJO del cielo fiel Junio corría
arrastrando en sus aguas dulces fechas,
ardientes horas en la luz deshechas,
frutos y labios que mi sed asía.

36

Sobre mi juventud Junio corría
y golpeaban mi ser sus aguas flechas
despeñadas y obscuras en las brechas
que su avidez en ráfagas abría.

Callado Junio, torbellino y río,
invisible entre puros resplandores,
mortales horas en terribles goces

¡cómo alzabas mi ser, tenso y sombrío,
en júbilos sin voz, mudos clamores,
viva espada de luz entre dos voces!

V

MAS hondo, bajo piel, en la espesura
de latidos y sangre, verdes venas,
donde llamas se tornan azucenas;
más hondo que mi sed por tu hermosura,

37

donde nacen tu aliento y mi ternura;
más hondo que mi voz, en donde apenas
alza la muda sangre olas serenas;
más hondo que la luz, frontera obscura

donde nace el silencio, la voz muere,
¡qué ternura de sangre amanecida!
¡qué blando responder a lo que hiere!

¡qué desnudo existir sin nacimiento!
¡qué morir de mi voz, mi lengua ardida,
deshechas mis palabras en tu aliento!

OCTAVIO PAZ

NORTH CAROLINA BLUES

A Langston Hughes.

EN North Carolina
   el aire nocturno
      es de piel humana.
Cuando lo acaricio
me deja, de pronto,
en los dedos,
el sudor de una gota de agua.

En North Carolina

Meciendo el tronco vertical,
desde las plantas de los pies
hasta las palmas de las manos
el hombre es árbol otra vez.

En North Carolina

Si el negro ríe
enseña granadas encías
y frutas nevadas.
Mas si el negro calla
su boca es una roja
entraña.

En North Carolina

40

¿Cómo decir
que la cara de un negro se ensombrece?

En North Carolina

Habla un negro:
—Nadie me entendería
si dijera que hay sombras blancas
en pleno día.

En North Carolina

En diversas salas de espera
aguardan la misma muerte
los pasajeros de color
y los blancos de primera.

41

En North Carolina

Nocturnos hoteles:
llegan parejas invisibles,
las escaleras suben solas,
fluyen los corredores,
retroceden las puertas,
cierran los ojos las ventanas.
Una mano sin cuerpo
escribe y borra negros
nombres en la pizarra.

En North Carolina

Confundidos
cuerpos y labios,

42

yo no me atrevería
a decir en la sombra:
Esta boca es la mía.

En North Carolina.

XAVIER VILLAURRUTIA

LIBROS RECIBIDOS

LINEA DEL ALBA.—Efraín Huerta.—Taller Poético.—1936.—El tono de "Línea del Alba" corresponde hondamente al tema, por la fresca gracia matinal que de todo él se vaporiza, dejando ver entre nube y nube de la mañana, entre los nacientes rayos del sol y el capitoso aroma del campo, un fino sentido de la poesía, una dulce hermandad en donde sobre un paisaje de naturaleza amable, se tienden a descansar en muelle laxitud, los ensueños en azul y blanco del poeta.

Los temas, generalmente sensuales, como de buen mediterráneo, que componen esta "Línea del Alba," se presentan bajo delicadas veladuras de expresión, con esos tonos de plata gris de los fondos de Mantegna, con dibujística poética firmemente realizadas con "pedazos de nieve volando" de las figuras soñadas a las manos del autor, con motivos de expresión que son aciertos y felices hallazgos, como de quien—por fortuna—ofrece las todavía frescas influencias de sus más finas lecturas de las maneras dialécticas de la poesía nueva.—G. E.

JAIME TORRES BODET, ALBERTO QUINTERO ALVAREZ y RAFAEL SOLANA.—"Tres Ensayos de Amistad Lírica para Garcilaso".—Colaboración del Taller Poético en el IV Centenario de la muerte del Poeta.—Taller Poético.—México. 1936.

A cuatrocientos años de distancia física con Garcilaso, Torres Bodet, Quintero Alvarez y Solana han espigado los temas que más sugerencias les despertaran en la obra del poeta. La tarea, peligrosa en cuanto significa confesión, ha sido realizada con la inteligencia y con el tino indispensables para salir airosamente de una búsqueda por el campo lírico de Garcilaso, que no por suave deja de ser complicado. Estos tres ensayos valen, sobre todo, por

44

lo que puedan servir como fermento para despertar inquietudes. Se abordan en ellos temas que por haber permanecido intocados hasta ahora, o poco esclarecidos, habrían merecido un desarrollo más amplio. Pero lo hecho es suficiente para estimar que los tres ensayos son de amistad inteligente, que es la más preciosa forma de la amistad.—L. F. del O.

NO PASARAN.—Octavio Paz.—Simbad.—México, 1936.—Ya he dicho, en cierta ocasión, que este gran poema de Octavio, es un poema perfecto, considerado en todos los aspectos considerables: el técnico, el formal, el interno y el social. Sí, el social; porque Paz—poeta serio y consciente, como ningún otro— ha dado a la poesía mexicana el primer documento valioso y digno; ha puesto en las manos de los críticos suspicaces algo que les quema las manos; ha entregado al pueblo de México y al de España el medio más efectivo de comunión y entendimiento. Ha creado una auténtica poesía de ilimitadas perspectivas.— E. H. R.

RAIZ DEL HOMBRE.—Octavio Paz.—Simbad.—México, 1937.—Compañero Octavio: quienes, con su "facilidad idiota" para escribir con ostensible mala fe fastidian y estorban tu ascenso no entienden, no han entendido ni podrán jamás valorizar—vamos, criticar—eso que es realmente la esencia de tu poesía. Después de "Luna Silvestre", breves poemas y punto inicial de tu obra, hubo un silencio prolongado que nos amenazó con tu pérdida. Pero volviste, vigoroso y seguro de tí, dándonos en un grito la entraña poética de una consigna que debiera ser universal. Y claro, para los huecos, no hiciste sino un poema "desordenado". Esos dioses tutelares de la cursilería consagrada no más que una se ríe de versos vacíos. Allá ellos. Allá quienes clamaron porque hacías, óyelo bien, una cosa "siniestra y mala"...

¿Qué pensarán ahora de "Raíz del Hombre"? Ya, ya lo sabemos. Pero no son estas líneas, no pueden ser, la respuesta que exige el noble y viril contenido de tu reciente libro. Un libro que te sitúa como el hombre, el héroe, de una generación que todavía no demuestra una positiva superioridad sobre la anterior. Aquí se comentan los "libros recibidos". Muy poca cosa. La recepción que se merece el tuyo durará mucho tiempo: tendrá un fuego persistente de eternidad.—E. H. R.

45

EN EL AIRE DE OLVIDO.—Miguel N. Lira.—Fábula, 1937.—Con una viñeta de Rafael Alberti.—Después de una larga odisea, en que Lira ha tocado todos los puertos, siempre con felicidad, asonando con el estilo de moda, ¿ha encontrado al fin su tierra prometida? Creemos que sí. "En el Aire de Olvido", obra cuya primera mitad ya ofreció a sus lectores esta revista, es la más completa y personal expresión del poeta tlaxcalteca. No se trata ya de interpretación y decantación de García Lorca, ni de Altolaguirre, ni tampoco de la imitación de ritmos vernáculos cubanos, argentinos o nacionales. Es una obra legítima, emparentada, no en la forma solamente, sino en el fondo y en el sentido, con López Velarde, una obra hondamente poética, en que se aprietan, de renglón en renglón, los aciertos. El más perfecto y el más valioso de los poemas de Miguel N. Lira.—R. S.

CORRIDO-SON.—Miguel N. Lira.—Fábula, 1937.—A Nicolás Guillén.—La edición consta de diez ejemplares, cinco de ellos ilustrados a mano por Julio Prieto.—Miguel N. Lira sin una imprenta, al borde mismo de la cama, sería tan incomprensible como un Chopin sin piano. A media noche la inspiración baja a él, se levanta de un salto, y acude a las cajas; sobrevienen largos minutos de silencio, y luego turba la apacible nocturnidad del acompasado ruido de la prensa. A la madrugada, doblado y encuadernado un nuevo libro, Lira concilia el sueño. Esta vez se trata de una musical fusión de temas y ritmos mexicanos y cubanos, para celebrar en soberbio papel y con tipografía exquisita la amistad de dos poetas. Recibe Guillén, dos en uno, el fino regalo de los versos del vate, y el lujoso y no menos admirable de la impresión del artista tipógrafo. Ambos triunfan en el elegante juego. Una nueva graciosa obra de Miguel el de los corridos, y una nueva suntuosa ostentación de Miguel el de las plaquettes.—R. S.

XAVIER VILLAURRUTIA.—"Nocturno de los Angeles" y "Nocturno Mar".—Ediciones Hipocampo.—México.—1936 y 1937.

En medio del silencio, cuando todo se ha dormido y la voz adquiere un nuevo prestigio o revela un nuevo pecado, cuando un solo grito puede descorrer los velos de un desconocido universo y correr las ventanas del mundo que nos rodea, Xavier Villaurrutia ha llegado a hacernos partícipes de sus secretos.

Bajo el signo de "Hipocampo", Villaurrutia ha hecho publicar dos poemas: "Nocturno de los Angeles" y "Nocturno Mar". Dos poemas surgidos del misterio de la noche, en dos momentos diferentes, con dos superficies distintas, aun cuando con una sola temperatura.

46

Por los caminos de los Angeles el poeta nos conduce hasta el paraíso que ha descubierto y va revelando en cicatrices luminosas, a través de las miradas de "sedientos seres" llegados del mar "por invisibles escalas", el secreto de ellos, su secreto. Y sabemos que los Angeles "tienen nombres supuestos, divinamente sencillos" y que "en nada sino en la belleza se distinguen de los mortales", y que, con los ojos cerrados "para entregarse mejor a los goces de su encarnación misteriosa", "cuando duermen sueñan no con los ángeles sino con los mortales".

En "Nocturno Mar" el poeta habla desde lo íntimo de una amargura marina de mar amarga, y, como en el Nocturno de los Angeles, va exponiendo el tono de su voz al oído de quien está capacitado para percibir el matiz de sus palabras, el juego de su pensamiento y la acabada maestría con que Villaurrutia maneja sus facultades poéticas. Villaurrutia domina y sujeta los elementos de su poesía porque los va utilizando consciente de su capacidad creadora. Carlos LUQUIN.

SONETOS.—Elías Nandino.—México, 1937.—Fe, constancia y voluntad. Este es el admirable proceso a través del cual ha llegado Elías Nandino a convertirse en un poeta de primera categoría. Nadie más lejos de motivar, en una crítica, la palabra "facilidad". Para Nandino no ha sido la Poesía una novia de entrega inmediata; llevándola dentro, como una enfermedad, tardaba en encontrarla; era toda ella síntomas; pero el tacto del poeta, a la manera del de un médico incipiente, no la apresaba, aunque poco a poco la iba reduciendo a un cerco estrecho; resbaladiza, como el jabón dentro del agua, no dejaba en las manos de Nandino su cuerpo, sino sólo la fragancia de su paso.

Es este libro, "Sonetos", la flecha que detuvo al fin la fuga de la paloma en vuelo. Nadie negará ahora a Nandino el derecho de figurar en las más exigentes antologías. Luminosas, son las puertas del libro dos poemas, el primero y el último, que, dentro de sus formas impecables, elegantísimamente acabadas, proclaman a su autor un muy alto poeta. Sea bienvenido, en la nueva y mejor calidad en que hoy debuta.—R. S.

HORA DE HORAS.—Efrén Hernández.—Serie "Amigos de Fábula".—México, 1936.—Presenta Efrén Hernández varios fragmentos de un largo poema, cuya gestación procede con la vida misma del poeta. Una extraordinaria pasión

47

de buscar el cauce de su religiosa **inquietud** interior, emerge en cada sucesión de estos bellos pies de lirismo. Ya **conocíamos** nosotros un fragmento, el último, publicado en el primer número del **Taller**.

Obra pequeñísima en cantidad, se imprime sin intención deliberada de aparecer en ella. Se hacen cincuenta ejemplares para los amigos íntimos, que sólo conocíamos de Efrén, aparte de su gran prosa, suaves sartas de endecasílabos caídas de su voz tímida en el café. No es esto, por cierto, lo mejor de su obra; nuevos fragmentos de ese gran poema que aludo, acusan ya la experiencia de un mundo intensamente aprehendido, siempre con la limpieza de un caudal flúido que tiene, como herencia, o como afinación, de su San Juan de la Cruz.

Grandes cosas espero yo, una vez que el poema se haya vivido totalmente, juntando, con su obra perfecta, los eslabones de este opúsculo peregrino.— A. Q. A.

BERNARDO ORTIZ DE MONTELLANO.—"Muerte de Cielo Azul".—Poema.—Ediciones R. Loera y Chávez.—México.—1937.—A través de un soneto "reforzado" y trece sonetos, de los que varios eran ya conocido en este Taller, desarrolla Ortiz de Montellano su poema "Muerte de Cielo Azul", por cuyo fondo corre un grande y hondo torrente de poesía, exquisita y de calidad finísima, pero escondida casi siempre detrás de la trama rígida de una forma marmórea y arbitraria. El soneto sin ecos, con uso de asonantes o de tántas diferentes combinaciones posibles, no es una sorpresa ni tampoco una nueva forma que en algo adelante ni enriquezca al soneto clásico. Ya otros poetas ensayaron estas formas, y las abandonaron, insatisfechos. La constante preocupación del poeta por apegarse a ellas sólo consigue estropear los conceptos —que de otra manera brillarían mejor—amontonando velos misteriosos e innecesarios. La verdadera poesía, expulsada, queda relegada a las explicaciones y argumentos que preceden a cada poema, porque es allí donde se la ve desnuda y clara, sin necesidad de clave para penetrar los acertijos que el poeta plantea en cada soneto.—E. N.

SE DICE DE AMOR EN CINCO SONETOS.—Héctor Pérez Martínez.— México, 1936.—Poco, muy poco sabíamos de la poesía de H. P. M. Apenas una sencilla canción en la segunda "Fábula" del camarada Lira, nos había iniciado

48

en la delicadeza y mesura de quien ahora nos ofrece en bien cuidada edición cinco excelentes sonetos que murmuran fresca, quieta y límpidamente de amor. Y hablar de amor en versos es hacer cosa pura y digna; hacerlo en sonetos es tener plena conciencia de lo que se dice; decirlo a la manera de H. P. M., es dar a la poesía, al amor, el destino merecido.—E. H. R.

NOUVEL AMOUR.—Salvador Novo.—Les Cahiers de Barbarie, 16.—Editions de Mirages.—Tunis, 1937.—Préface et Traduction d'Armand Guibert.—La mejor obra poética de Salvador Novo, "Nuevo Amor", que ya había sido editada en inglés, se presenta ahora en francés, en una traducción que al autor' mismo ha parecido excelente. Además de todo el libro cuyo título lleva, incluye esta edición otros poemas, tales como "Diluvio", del libro "XX Poemas", "Las Ciudades", de "Espejo", la parte originalmente en castellano de "Seamen Rhymes", el "Romance de Angelillo y Adela", cuya primera edición fue de quince ejemplares, y una "Elegía", hasta entonces completamente inédita, y aún desconocida en español. El prólogo de Guibert, ya anteriormente publicado en la revista africana "La Kahena", es muy interesante y divertido. La lectura de "Nouvel Amour" nos produce, además de momentos del más fino deleite, la convicción de que es tan honda y tan valiosa la poesía de Novo, que, lejos de perder en la traducción, luce con la misma nitidez y con idéntica frescura que en su redacción original.—R. S.

49

Correspondencia a: Rafael Solana. - Querétaro 206 - México, D.F.

CUARTO
TALLER POETICO

LO DIRIGE RAFAEL SOLANA, Y
ANGEL CHAPERO LO IMPRIME

M E X I C O
JUNIO DE 1938

TALLER POETICO

TALLER POÉTICO

COLABORAN EN ESTE NUMERO:

ASUNSOLO Enrique
BARREDA Octavio G.
CARDOZA Y ARAGON Luis
COTTO Juan
CUESTA Jorge
HERNANDEZ Efrén
HUERTA Efraín
GOMEZ MAYORGA Mauricio
MAGDALENO Vicente
LERIN Manuel
LOPEZ TRUJILLO Clemente
MENA Anselmo
MORENO VILLA José
NANDINO Elías
PELLICER Carlos
QUINTERO ALVAREZ Alberto
SOLANA Rafael
USIGLI Rodolfo

NOTAS

DOLOR DE LA PRIMAVERA

UNA cosa es cantar la primavera,
    otra cosa llorarla y que nos punce.
Son gratos: el empuje de la savia potente,
el embrión que resurge de los cotiledones,
la plúmula que troza el tegumento
en su verde ascención y clorofilia.

9

El jugo de la tierra que rezuma, alimenta
a la elástica piel que renace fecunda,
con lustre de pupilas y bostezo en los brazos
con alegre gorgeo que los párpados pica
y ese grave cansancio de sueños vegetales
por tibias madrugadas de simétrica aurora.

Por ciclo inexorable en el antiguo rito
periódico dolor de pezones y yemas,
adolescente injerto que inicia el desarrollo
con acompañamiento de violas y jardines.
Sépalo de clavel que revienta de euforia
pérgola cuya cintra se ilumina de encajes
piperácea fragancia que da la mejorana
púrpura de la salvia o reclamo de abejas
cinzolín y cinabrio de ambrosiacas petunias,
lujos de juventud, lujuriosas jornadas.

Pero ¿quién no ha sentido la soledad y pena,
eléboro en el gusto, del primer equinoccio,
esa lápida o cipo de suicidios vitales
ese breve artilugio de los gayos pigmentos,

10

cimborrio que se cierra en el nenúfar,
ya precoz menopausia de la rosa?

No pueden aspirar a reverdecimientos:
las corolas o cuerpos con estigma y estigmas,
esas carnes que sufren un núcleo que declina
como tranquila médula de árboles difuntos.
Oigamos el suspiro de las diclinas dioicas
soportando la carga de un espera de insectos,
de ventanas abiertas a páramos de luna
cuando nadie se mueve por senderos sin meta,
ni por calles barridas de música profana
que escuchan pares de ojos febriles, de soslayo.
Luego viene la queja de las hojas coriáceas
o esos vientos que gimen una entraña de fuego
y esas grietas de amor en los labios secanos
que no se desalteran en un viento de polen.

Sintamos el arroyo que al escaparse arrulla
deshielo de cristales y cauces perforados
como una voz alterna que rehusa y ofrece
ansia misma o promesas de sentir sin sentido,
y al fin, lejos, el golpe de unas alas de sombra.

11

No aspiremos el aire de esa lluvia enjugando
el grito de las fieras en un celo reciente,
los sexos percudidos en aliácea penumbra
cuando un fósforo fatuo los encandilla y ciega.
Busquemos un refugio de latente semilla,
criptógamo pudor en el arcaico helecho
o quietud potencial sin eclosión urgente.
Cuando llegue el invierno, ya cercano reposo,
habrá ritmos que estén acordes con el hielo.

Enrique   ASUNSOLO

12

YA se acerca, ya es llegada
        Tu mano silenciosa entre mi polvo
-Tu mano entre mis manos-
De un golpe arrancarás
La yedra que me venda
Y ya de pie iré tras de tí eternamente.

13

Tus dedos tocarán la flor de cera
Ardiendo
Que dejaste entre mi sangre.   Y aún ahí estará
      intacta
Tu Palabra correrá en el viento
Bajará tu Verbo
Y en el viento tu palabra
Por donde ascienda hacia tí mi aliento
Vena para mi sangre ardiendo.

Pero mi carne
Esta venda que me venda
Hidra de tus hiedras
Córtala
Esta cáscara seca ya sin ruido
Elévala en tu palma

Llévala
      Como una arena del desierto
      Como una sal
      Como una concha de tu arena . . .

Y cierra Dama tu puño y tenme así
Fuertemente

14

Que el río de tus ojos
Que el oro de tu pecho
Que el viento de tu Verbo
No me lleve nuevamente
    Amén!

Octavio BARREDA

15

PINO, NIÑEZ Y MUERTE

-¡NO; no es cierto!- dijo el pino- ¡no es
cierto! Es imposible imaginar un mar
sin velas como un ciego sin tacto. Si los ríos no
saben cómo se nombran porque viven de olvidar-
se, tampoco las piedras saben ni el nombre de los
ríos ni su propio nombre. Creen que no necesi-
tan nombre porque siempre existen ¡siempre! que
es como no existir.

16

Decía la nieve con su voz lenta y triste: -La piedra es un poco de noche dura. Un poco de noche dura.

Pero los árboles sentían que el pino no sabía expresarse y deseaban que los animales...

-¡No; no es cierto!- repetía el pino; pero, nada afirmaba, divagado por el salto de los salmones.

Lo decía para sí mismo, con palabras más vivas que los ojos, porque había sufrido mucho de palabras, orgulloso, sin embargo, del eco.

La tarde tenía manos nuevas, sus pétalos vueltos hacia la dura sombra de cal y canto, de canto y cal y arenas de las playas. Entre la oreja y la lengua, el gran puente colgante temblaba con el paso fosforescente de los suicidas: un rumor de viento que había sufrido mucho de las palabras, atravesaba, sin estela, el terso silencio liso, sinfonía muda y suspendida como la voz del cuerpo. Si los pájaros hubiesen visto el tormento de la tarde, no habrían podido volar y los niños habrían roto sus juguetes y meditado sobre la muerte. Su cuerpo de espacio con imperceptibles hojas azules, serenaba la torpe inquietud del pino que lloraba palabras sin poder explicarse. Mas no se piensa en la muerte así porque sí. La muerte aparece de pronto, de cuerpo entero, cuando su invasión poderosa nos llega tan cerca y tan nocturna que su sombra es la nuestra. Antes de

17

conocerla, no se puede morir. Inmortales por ignorancia, pensaban los féretros de pino, como las
piedras que no saben ni su nombre, ni quieren
aprenderlo porque viven eternamente en su jac-
tancia como los niños que nacen muertos. ¿Qué
es el tiempo? inquirían los pájaros a la cabeza de
San Dionisio, a los senos en las bandejas, a los
ojos en los huecos abiertos en el pecho desgarrado de la doncella, a la piedra de fuego, piedra viva en que los siglos no sueñan, enemigos de los
pedernales.

-¡No; no es cierto!- interrumpía el pino, sin
haber escuchado la voz de las reliquias.

Los féretros de los niños son blancos, recor-
daron los pájaros. ¿Un océano de cantos? ¿Cómo imaginar el tiempo si no hay un canto, cómo
imaginar un ciego sin tacto, una nube sin cielo?
Se puede meditar sobre la muerte de las muñecas, una muerte de luz y estopa, de celuloide y
porcelana nocturna. Apenas se cierran los féretros sobre los cuerpecillos que no han muerto porque ignoraban la muerte, la caja se encuentra
vacía, pero un poco más duramente concreta en
su blancura oblonga de seda.

¿Qué pianos y siemprevivas, qué guantes olvidados y prematuras muertes, qué desnudo corazón abstraído, qué ciegos lagos y árboles para-
líticos, qué recién nacido con las manos
amputadas comprendía la voz del pino?

18

Ardientemente ardía el tiempo ardiente, cumbre de tiempo. Las orugas mordían el corazón de las rosas y en las charcas hediondas de amoniaco y ácido nítrico, apretaban sus tenazas los escorpiones. El oro de los altares rebosaba sobre los atrios, corría por las calles, por los aires, aleándose a bronce de campanas. Enormes racimos de lámparas pendían de las ramazones cruzadas de las columnas, multiplicando la serenidad solemne del templo con el ahinco de su luz enemiga. ¿Por qué los niños crueles sacan con agujas los ojos de las palomas? El sacerdote, en su carapacho de oro, es una gran salamandra, un gran pez fosforescente de las grandes profundidades. Busca al caballo que arrojaron al fondo de los mares y que ahora trota por los bosques de palmeras de piedra con una sirena sobre el lomo. Lorenzo teje en el fuego el nido del fénix mientras sobre la tierra corre un río más grande que el Amazonas, hecho de sangre roja y verde esperma que con su rumor espanta a la noche misma. El hacha raja en dos a la res. Entre las entrañas de lava se revuelca el enfermo queriendo sorber aquel vigor palpitante. Inútilmente: ha muerto el Papa. Dormía entre dos robustas campesinas olorosas a montaña y a lluvia, para robar, durante el sueño, la potencia de sus duros cuerpos lisos y pulidos. Ahora yace agobiado bajo las flores de nueve reinos. La luz de innumerables cirios copia su alabanza en los vidriosos ojos verdes entreabiertos. Sobre la lividez del rostro los vitrales

19

prolongan un lamento amarillo, ensalivan el cuerpo con su lengua cárdena y hacen gritar las pedrerías de la mortaja.

En la atomósfera pegajosa y cargada que se vomita sobre la gran plaza derramando calientes vahos de muerte, las devotas tienen la cabeza llena de globos ígneos como los naranjos. Bajo las gruesas blusas negras y los gruesos velos negros, los senos les queman las propias manos y los labios se sangran con lealtad frenética. La iglesia, un gran barco ardiendo en las barrancas oceánicas, centrado por el Santo Padre que quiso ir desnudo a la tierra desnuda y yace ahora entre las flores de nueve reinos, lamido por narcóticos vitrales ojerosos, por millares de velas, rutilante como un torero muerto sobre el mar. Hervor de la gruesa mortaja que se derrama en epilepsias de podredumbre y oro. Rezan las fieles, el pañuelo en las narices, los ojos sobre el bullir de zafiros, topacios, esmeraldas y podres que estallan bajo los sudarios pontificales. La muerte ha cerrado los párpados y la calavera, inminente, es doblemente grotesca bajo la tierra entre violetas y nardos. En los senos encendidos, la muerte desentume sus manos cárdenas. Las dos robustas doncellas campesinas olorosas a montaña y a lluvia, se aduermen junto al Santo Padre. Senos y caderas muelen flores y joyas nauseabundas. Primavera de cirios y guirnaldas asedia su carne bizarra y hace hervir la espuma de agujas engen-

20

drada entre sus muslos impacientes y en las grietas de los hormigueros. El murmullo de oraciones aproxima un mar morado en que navegan grandes veleros negros sin ningún tripulante.

Los coros de las fieles crecen bajo las cúpulas y van a explayarse sobre las plazas derramando conchas, estrellas de mar, senos roídos, goterones de cera... El catafalco flota sobre la marea, suavemente anclado en las mantillas negras entre medusas y lámparas abandonadas a la voluntad fría del agua. Silencio liso, estirado, silencio en el templo, densa marea inmóvil bajo el aire duro como el agua dura. Súbitamente, en un jaculatorio temblor de cielo, el zigzag de una grieta abre, de arriba a abajo, la muralla de mudez y soledad. Un gran grito relampagueó con la mudez escandalosa y herida de un pez súbito que súbitamente se agolpa contra los ojos estupefactos del que se ahoga. Sumados, de improviso, en el lomo del pez todos los estupores vertiginosos de las pedrerías y la fosforescencia de los muertos, tan fuerte clamando mudamente que lo vieron los ciegos. La Muerte, allí, en aquel grito, desbordado pavor del niño que se tragaba por los ojos el pútrido hervidero coruscante. Las joyas se le incrustaban en su virgen cabeza abollada por el espanto. Un féretro blanco, diminuto, dedo de un guante de la Muerte abandonado sobre un cojín de terciopelo negro, se hizo trizas en la marejada de rezos y mantillas negras.

21

Mil mujeres vomitaron sobre los altares y arrebatadas irrumpieron sollozando en la gran plaza en la que el sol de la tarde componía hermoso panorama naval.

-¡No; no es cierto!- gritaba el pino en el diminuto féretro imaginario, con su hermosa voz de cítara, bajo los cielos rebeldes.

-¡No; no es cierto!- gritaba con su voz que sólo los árboles oían y las madres que levantaron a medir a sus hijos dormidos, una cinta en el brazo de Nuestro Señor del Veneno o en el brazo de San Benito, para que la muerte llegue antes que el pecado. Los niños, entregados a aquella extraña piedad que comprendía el clamor del piano y el clamor de las entrañas de las madres, sin saber que ya eran sólo una cinta verde, roja o amarilla, colgada en el brazo moreno del santo.

Los buhos no saben nada, ni las cariátides, ni los pianos. Ni la arañita que se perfecciona viendo el mar desde la flor del almendro. Las rocas, atadas a las espaldas de las mujeres, son arrastradas por la arena, bajo el olvido de los cielos de las conchas muertas.

Luis CARDOZA Y ARAGON

22

LA MONTAÑA

A Manuel Gómez Morín

UN luminoso día en los caminos,
     y el alma abriendo innumerables rutas
     en una soledad llena de pinos . . .

La mañana es como un limpio pensamiento.
Un niño está a mi lado con un cesto de frutas.
-Las manzanas y él tienen un mismo entendi-
     miento-

23

La brisa lleva un inflamado coro
de libertad de pájaros, y en una
lágrima pura del Universo esconde
un diamante encendido entre los lirios.

Soledad que edificas mi destino
y a un claro mundo, sin cuidados vanos,
llevas al niño en el rumor de un pino
¡y al día con la fruta entre mis manos!

A Rodrigo Redo

D ONDE cerraba el monte
     el paso a nuestro afán
abrieron tus miradas
senderos al amor.
—Mira siempre las cosas

24

como las viste ayer-
y no sabrá la Muerte
si su mañana es hoy.

Esconde entre tus gracias
el don primaveral
que abrió en el monte sendas
y dió paz a mi mal . . .
Loca andará la Muerte
con tanta claridad,
y no sabrá su sombra
si su mañana es hoy.

Juan COTTO

25

UNA PALABRA OBSCURA

EN la palabra habitan otros ruidos,
   como el mudo instrumento está sonoro
   y al inhumano dios interno el lloro
invade y el temblor de los sentidos.

De una palabra obscura desprendidos,
la clara funden al ausente coro,

26

y pierden su conciencia en el azoro
preso en la libertad de los oídos.

Cada voz de ella misma se desprende
para escuchar la próxima y suspende
a unos labios que son de otros el hueco:

en el silencio en que su fin murmura,
es el lenguaje, por vivir futura,
que da vacante a una ficción un eco.

UN errar soy sin sentido,
    y de mí a mí me traslada;
        una pasión extraviada,
y un fin que no es diferido.

Despierto en mí lo que he sido,
para ser silencio y nada

27

y por el alma delgada
que pase el azar su ruido.

Entre la sombra y la sombra
mi rostro se ve y se nombra
y se responde seguro,

cuando enmedio del abismo
que se abre entre yo y yo mismo,
me olvido y cambio y no duro.

ESTE amor no te mira para hacerte durable
y desencadenarte de tu vida, que pasa.
Los ojos que a tu imagen apartan de tu muerte
no la impiden, sólo hacen más presente tu ruina.

28

No hay sitio en mi memoria donde encuentre tu vida
más que tus ya distantes huellas deshabitadas.
Pues en mi sueño en vano tu rostro se refugia
y huye tu voz del aire real que la devora.
Dentro de mí te quema la sangre con más fuego,
los instantes te absorben con más ansia, y tus voces,
mientras más duran, se hunden más hondo en el abismo
de las horas futuras que nunca te han mirado.

TU voz es un eco, no te pertenece,
   no se extingue con el soplo que la exhala.
Tus pasos se desprenden de tí
y hacen caminar un fantasma intangible y perpetuo
que te expulsa del sitio donde vives
tan pasajeramente y te suplanta.

29

Tánto mi tacto extremas y prolongas
que al fin no toco en tí sino humo, sombras, sue-
    ños, nada.
Como si fueras diáfana
o se desvaneciera tu cuerpo en el aire,
miro a través de tí la pared
o el punto fijo y virtual
que suspende los ojos en el vacío
y por encima de las cosas en movimiento.

Jorge CUESTA

30

A BEATRIZ

ESTA es la hora amante y amarguísima
en que mi vida se alza entre la noche
y vaga en una torre imaginaria.

Esta es la hora tuya, la hora mía,
la arcaica y tenue hora en que los labios

31

rudimentarios con que reza el mundo
en embrión que germina atrás del aire,
palpándome con vahos oscilantes,
me trae noticias tuyas, que no sabes,
no adviertes que recibo y que las mandas.

Me impregnará de paz la tarde última;
pero será el color divino y lento
de tus rendidos ojos, la resina
que llorarán mis árboles, la tarde,
en que como un ocaso sin camino,
tramonte la esperanza y nuestras lámparas
se nos vayan durmiendo.

No es suficiente amarte noche y día;
amarte es, ciertamente, el horizonte,
lo alto y lo profundo,
la intimidad recóndita y la sombra;
pero el pasado es fuente y aún ausente
su palpitada escencia me conmueve,
me turba como un germen, como un rastro,
como una cruel raíz retrocedida
que no llegó a soñar su sueño inmenso
y nos lo dió a nosotros.

32

No mires tú al dolor; esta es la hora
desnuda, sin cortejo, seca y sola
que no distraen las flores,
que no turban los pájaros o encantan
con sus neblinas lentas, los crepúsculos . . .
y es preciso velar; pero tú, duerme.

Mi vida mira a tí, como una torre
con la ventana tensa, y en su obscuro
antro de soledades en silencio
pasa, como fantasmas, en angélico
proceso, el pormenor de tus acciones.

Todo es cerrado muro, alcobas solas;
mi intimidad es puertas clausuradas.

Tarde en la alta noche,
tarde has cerrado al cielo tu recámara.

Nos separaron calles solitarias,
un puente en la barranca
y una ascendente ruta entre laureles.

33

Nos separaron puertas, puentes,
paredes, altozanos y caminos;
pero nos funde el óleo
sacramental que obra en nuestros huesos.

Oh devoción recíproca,
función ultraterrena que sublima
los jugos de la carne y torna templo
de comunión, la médula profunda.

Son como hojas de plantas trepadoras
las manos que me palpan,
los humos que me dan noticias tuyas.

Subiendo la escalera, grada a grada,
vino que ya cerraste tu recámara.

Entróse por las puertas el vestido
que se quebró la espalda y que las mangas
colgó, como los brazos boquiabiertos
de un manto, en el respaldo de la silla.

34

Y tus zapatos vagos que sonaron
el tacón, al caer en la madera,
huérfanos de tus pies hasta mañana,
caídos a una alfombra que volaba,
también los ví flotar entre los muebles.

Y la sonrisa ví que me mandaste,
pensando en que te quiero.

Y en tus pestañas altas como juncos,
hermanas de los mimbres,
rubias como las jarcias,
vi que se abrió un instante mi recuerdo,
y que en la rama al aire en que se orea
y se columpia y canta tu resuello,
lo sostuviste en flor, como meciéndolo.

Al fin la imagen va desvaneciéndose,
cae al caer sin fondo de tu sueño;
menos y menos es, menos y menos,
hasta parar en nada,
hasta dejarme a obscuras, suelto y solo,
huérfano y en olvido hasta mañana.

35

Y esta es la hora amante y amarguísima:
del ancho y ciego suelo
se alza un afán callado y lentas frondas
cruzan con larga sed, palpando a obscuras,
y el gran naufragio inmenso
y la zozobra eterna
y el impreciso anhelo inextinguible:
un tanto, desde el hondo
claustro de su inconciencia, se presienten,
y una esperanza obscura de quien sabe
cual embrionario ensueño, halla refugio
en el piadoso faro
de la conciencia errante del poeta.

Esta es la hora amante y amarguísima,
desnuda y sin cortejo, seca y sola,
en que la vida se alza entre la noche
y vaga en una torre imaginaria.

Efrén HERNANDEZ

36

TRES CANTOS
DE ABANDONO

I

SI pudiera mi voz caer sin prisa
   ni violencia fingida, ni temor
sobre las nubes llenas de la ira
que provoca el silencio; si pudiera,
levantaría la voz del abandono
hacia selvas y mares, hacia luces,
encima de gemidos y caricias,

37

hasta la obscura rabia presentida
cerca del sol sereno.

Sola mi voz, caída quedamente
en el pantano donde cabe ausente
mi recuerdo sin rosas ni claveles.
Mi voz en la saliva del olvido,
como pez en un agua de naufragio.

—Pero yo amo el abandono por violeta y callado.
Amo tu entrada al invierno sin mi cuerpo,
adoro tu fealdead de dalia negra dolorida,
adoro con ceguera tu pasión por la lluvia
y el encanto de tus narices frías,
amada razonable y sencilla.—

Ya mi voz no suplica ni lastima
como la vieja música del mar
a los marinos tímidos y al cielo.
Si pudiera la haría tan suave
como fino suspiro de muchacha,
como brillo de dientes o poema.

38

Oh, voz del abandono sin sollozos:
oh mi voz como luz desordenada,
como gladiola fúnebre.

Ella hace el canto primero del abandono
en lo alto de risibles templos,
en las manos vacías de millones de hombres,
en los cuartos donde el deseo es lodo
y el desprecio un pan de cada noche.

Ella es mi propio secreto,
lo invisible de mí mismo: mi conducta
en la carne de los jardines, en el alma de las playas
cuando hacia ellas voy con las manos cantando.

Mi voz es el resumen de todos los insomnios,
mi adolescencia mediocre y sencilla
como una ceniza palpitante.

No lloraría por mi ternura finalmente enterrada
ni por un sueño herido sentiría fina tristeza,

39

pero si por mi voz oculta para siempre,
mi voz como una perla abandonada.

II

OIGO ese rumor de olas en tu pecho lejano,
    ese reír pajarero de tus manos
que una noche de frío y secos árboles
apretaron mis sienes temblorosas,
estrujaron mi corazón como plumas.

Distante, derribada por tu ausencia,
mi voz amarillenta, roturada,
mi despiadada voz de joven joven:
vieja red de palabras y canciones.

Pero soy para tí, soy para siempre
un ignorado vicio, una solemne
y perfecta virtud de rosa fría,
una voz de cansada mariposa;

40

soy una noche blanca moribunda,
voz de encono y ruptura,
voz de alba,
mustia y líquida voz del abandono.

Te he perdido sin lágrimas ni feas
lamentaciones a tus pies de cera,
sin burlas ni sollozos de difunto.

Te he perdido, aceptado esa larga
mirada de distante paloma,
mirada de camelia, ojos de ángel.

Te llamas como mi risa de hoy,
como las flores claras de las ventanas,
como una casa abandonada,
como debería llamarse el invierno,
joven ausente, casta,
prodigio de tristeza.

¿Oyes mi reposado canto del abandono?
¿Sabías, que voy al mar de vacaciones

41

por ver si las sirenas en las playas
venden finas y alegres pajaritas de espuma?
¿Sabías, adivinabas que mi voz
en un tiempo tu reina ha merecido
hacerse luz de fuego en el espectro?

Y si lo ignoras, bella,
joven de los estanques,
mi bondad te disculpa, mi voz desaparece
convertida en un río indiferente
como todos los ríos del planeta.

III

ADORABLE, mi amante.
      Perdida con la lluvia, infinita.
Presagio y canto, y carne del otoño,
manos de tierra, voz de ola y perfume.

42

Quizá no te recuerde justamente
-el mundo es enredado y respiramos
como peces cansados; nuestra memoria es
una niebla latente pero niebla-
por distraído y lento como el humo,
sino en forma de agua mirando el horizonte,
o como limpio lirio, o nube a la deriva,
o creciente sollozo, o sencilla manzana.

Yo no sé; yo ignoro las mañanas
y los atardeceres. Sólo conozco el alba
y parte de la noche, adorable de fuego,
herida prolongada, joven mía.

Quizá, también, nos haga
mucho daño el recuerdo
cuando es perfecto y puro,
consistente, visual y secamente frío.

Pero en cambio, querida, puedes oír sonriendo
el vacío de mis brazos y la solemne furia
de mis uñas calladas y creciendo; mi voz.

43

Pero en cambio, querida, puedes oír sonriendo
el vacío de mis brazos y la solemne furia
de mis uñas calladas y creciendo; mi voz.

Con la primera lluvia, diosa de las palomas,
hermana parcial de las campanas,
abandonaste el sueño, la blanca embarcación
que nos llevó semanas y murmullos
por tibios ríos de cauce sudoroso,
por limitados mares de cinismo
y océanos inefables de ternura, mi dulce,
mi joven enemiga, mi sirena de carne.

¿Qué haces ahí, de luz o pensamiento,
cuando canto tu fuga o verdadera muerte?
Ven a que te distraiga, golondrina,
con mi alegría constante.   Ya la niebla se va,
solitaria y vencida.   Y quedamos nosotros
victoriosos, con alas y deseos
y dientes y locura.

44

La consigna del alba no existe
cuando hay dos pechos juntos
y sábanas llorando de fatiga.

Efraín HUERTA

45

POEMA VAGO

DEJA que sobre tí caigan, quemadas,
    mis últimas hojas,
que mis ramas desnudas te toquen.
No temas mi vaga presencia;
no soy casi nadie;
deja que te hable por fin en la niebla
oirás acaso mi voz como viento en el alba
y mis fuegos fatuos recorrerán tu paisaje.

46

Deja que yo me consuma en tus límites vagos;
seré un papel que se quema en el fuego más frío,
yo que estoy muerto te veré con negra mirada
emergiendo de mi propio silencio,
de mis túneles largos.

Deja entonces que mi alba excavada
te alumbre con triste luz verde,
te ilumine la blanca estatura
que se levanta de lo negro hacia arriba.

Deja decirte: me alejo,
porque marcho sin rumbo por todas mis ruinas
lanzando mis blancas cenizas
al norte y al sur; a la muerte y al sueño.

47

QUISIERAMOS tomar de una vez y fijar para siempre en un cuadro, en un gesto, en una tarde a esa mujer que ya va transcurriendo, que empieza a no ser, engañándonos con estatuas, desnudándose entre espejos, huyendo en un grito, rodeando de noche; de telones; de escenografía construída con bruma, nuestro errante lecho, nuestro lecho olvidado en el que ya no estamos, porque hemos huído dejando un enviado nuestro, una máscara que se nos parece y nosotros andamos en largas calles solitarias que nadie recorre, llamando en todas las puertas, pronunciando un nombre cada vez diferente; cambiando de sombra y de ruta.

Pero es entonces cuando esa mujer, ese pulso, esa arena o el retrato que no conocemos, quieto ya, fijo en un papel sin contorno guardado en un sótano, o la mujer que buscamos, emigran despacio como un pájaro oscuro que buscara un sur ya distante, como la escultura de una ave que soñara con una mujer ya más bien de silencio; no de carne y tampoco de estrellas; no de seda y tampoco de tiempo, sino de ese silencio vertical y asombroso que sólo florece en los labios que han muerto.

Mauricio Gómez MAYORGA

48

ATARDECER SIN LIRIOS

YO he visto una ciudad luminosa, alzarse
    sobre su carbón
y olvidar las loas al carbón, abandonando el
    fuego
con que deben ser dichas tales loas, y sirviéndose
    sólo del fuego
ridículo de las cerillas, en la cortesía.
Su mismo cielo era un cielo lúgubre ... Y por
    las tardes

49

flotaba sobre la llanura un polvo pardo, y las
  grandes torres
de la energía y los anuncios luminosos, igual
que la nerviosidad horrible de sus habitantes,
  eran como los signos
de una catástrofe. Un gran caballo blanco, en
  el que iba,
también de blanco, y en plan de hacerle propaganda a un dentífrico,
una hermosa mujer blanca, completaban el cuadro. Además, las casas,
las enormes ventanas de esas casas que tenían
  más de cien pisos, estaban plenas
de gente, y los puentes y las grises avenidas. Las
  explosiones
de los motores ahumaban el aire de las plazas, y
  las manzanas mismas
se diría que habían olvidado la noble fragancia de
  sus valles
allí
donde la sencillez del agua podía sólo nombrarse
  con el nombre
del hombre que era el nombre del envase. ¡Pen-
  talomegalópolis!

50

¡Asiro-Londamara! Ciudad luminosa, ciudad sin
    paz: el agua
ha de seguir corriendo, pero las torres vuestras
    del telégrafo, habrán
de decir de la extinción completa de las fuentes
    y del fuego
creador, en los momentos del incendio, y cuando
    un hombre cualquiera anote
precisamente la página última de su diario.

YO no sé adonde voy, pues me arrastran
    fuerzas enormes,
y cruzo, náufrago de mis voces, infinitos espacios
que hieren el cuerpo mío, y un hierro nuevo
    traen a mi sangre.
Ritmos de maravilla conocen mis células, pero yo
    tiendo, ignorante, los brazos,

51

y vivo preso en el mundo de las tinieblas, en lo
  pleno del día.
¡Oh soledad de los brazos que abrazan a brazos
  también solitarios!
¡Oh epidermis ayunas del silencio profundo de
  los órganos, diversificados
éstos en la noche del cuerpo, en la creadora calma
  que atraviesa la luz
de la sangre, ante un universo de hierro, de fósforo
  y sales,
del que emerge un incendio glorioso que nos
  siembra los ojos de luces!
¡Sangre mía, cuerpo! La palabra sólo te alcanza
  porque vuela en el ritmo,
y el espíritu que eres, oh cuerpo, moviliza un
  instante el poema
y detiene a los siglos la esperada caída del mundo.
Mas yo no sé a donde voy, que me arrastran
  fuerzas enormes.

Vicente MAGDALENO

52

VOZ QUE CORRE
EN EL OTOÑO

FLORES en el viento,
	sol sobre las tapias,
voz en las montañas:
mi corazón ausente.

Cantos en las ramas,
bueyes sobre el pasto,

53

sal bajo las playas:
el corazón lejano.

Arriba azul y luces,
horizontes de plata
ríos en campo abierto:
el corazón disperso.

Rondan las imágenes;
entre pieles de lobo
el polvo de los ángeles:
mi corazón abierto.

Las rosas surten fuentes,
las llamas dan el oro,
los ríos hilan perlas:
mi corazón presente.

Recuerdos pasan solos:
cadáveres y tumbas;

54

y un fantasma en el mundo:
mi corazón de hombre.

POESIA, tan cerca estás de mis ojos
    que no sé si el cielo
eres tú o sigue para mí siendo cielo.
Creí perderte en el río
al beber un poco de agua,
perderte entre la arena
poesía, piedrecita intacta.
Una nube reconquistó el recuerdo;
pero ¿quién te ha dicho la olvidada?
Si junto al ciprés la luna
y mi labio y el aire te esperaban.

55

Cierta vez partiste en alas
del deseo por ver un mundo
nuevo que habría de reconstruirse,
para luego, más reconstruirse,
En dónde colocó la aventura
costa, flor, isla, paloma,
que tu pie no supo hallarlas? Cuándo
se nubló el espacio para impedir que un paso
más te orillara a la muerte?   Por qué
el barco se entretuvo en hablar
al tiburón de ciertos pescadores? Si tu ausencia,
flor al fin, ya no era mía?

Hoy, poesía, las caracolas
se bañan junto al ave
y el río es un jardín de olas.
Cómo no habría de tener mi oído
el gozo de tu nombre?

Manuel LERIN

56

DE ETERNIDAD
Y CANCIONES

CALLADA eternidad se desenvuelve
    atormentando mi alma, no sé dónde,
pero la siento, y siento cómo danza
con algo que en mí grita con latidos,
en sangre, con la sangre, con los nervios,
con la razón y en la razón, con todo
eso que es muerte, y con la vida toda.

Callada eternidad estremecida
por un soplo de música, naciendo
todos los días en mí mismo, acaso
para caer donde no sé qué es muerte.

57

Donde no sé qué es vida fuera y dentro
de la vida naciéndome en la voz,
de la muerte naciéndome en los ojos,
de la vida naciéndome en la muerte.

En los ojos, porque yo sé, soñando,
que lo que ven mis ojos ha de irse,
ha de acabarse; y lo que ven mis ojos
se queda detenido en no sé donde
fuera y dentro de mí, para esperarme
con la callada eternidad de todos.

II

ESO es eternidad: ritmo y palabra
    que hacen la canción y la derraman
en música y perfume,
con una honda resonancia
de la vida y la muerte en el camino
y de la soledad donde se aclaran
concepto y tentación, y donde nacen
poema y sencillez, ritmo y palabra.

58

Estoy muerto y me nacen en silencio,
con lenta soledad solicitada,
todas las horas por mi muerte en vida,
todos los días por la sombra mágica
del poema del hombre renaciendo
en la crucifixión de la palabra.

De la voz misteriosa del minuto
en que se alienta eternidad, y salta
el hombre que llevamos navegando
en el mar de la sangre y en la sangre del alma.

Canción de todos, dulce eternidad
cogida con fervor en las palabras.

Clemente López TRUJILLO

59

IDILIO

IDILICO paisaje,
   donde sentidos y memoria quieren,
amantes, en viaje
sin retorno partir y en donde mueren
heridos en la muerte que prefieren.

60

Lira de amor templada,
rosa de viento que su giro extrema,
en soledad orlada,
tañe idilio sin forma ni dilema,
mudo coloquio de celeste emblema.

Aleluya de aurora,
saudades intangibles del recato,
en la gama sonora
y en el teorema que define grato
vital coloquio en suspirar ingrato.

Crepúsculo aledaño
veloz dispersa si recoge lento,
en amoroso engaño,
alondra o ruiseñor alado acento
que más busca penar que halla contento.

II

SI tendida al ribazo
    amor espera el alma y lo procura,
si es insólito el paso

61

perdido en frondas de la selva oscura,
despierte luego el sueño a tal ventura.

Concepto solamente,
más cerca de tramonto que de aurora,
el iris que la mente
ciñó a los cielos en astral deshora,
Abelardo indimenso decolora.

Más tarda de las flores
en marchitarse la corola pura,
que en mudarse de amores
arrullo blando en añoranza dura,
confianza en celo, dicha en desventura.

Y al fin, de donde viene
la cándida esperanza en que divierte
su hálito amor perenne,
canción de vida en negra voz de muerte,
llegar y ser más débil si más fuerte.

Anselmo MENA

62

[220]

TERRORES

POR un vericueto
   sin luces ni suelo
voy, a lo hebreo,
mesándome el pelo.

Es el final.   Hay sombras y fuego.
Baila el terror vestido de negro.

63

Por un acueducto
sin agua ni muros
camina mi burro
cargado de humo.

Es el final.   Hay sombras y fuego.
Baila el terror vestido de negro.

Por un escenario
sin tablas ni andamios
pasan muy despacio
las ruedas de un auto.

Hay sombras y fuego.
Dios se pasea vestido de negro,

En unos desmontes
que no tienen nombre
clavan los sayones
cuatre corazones.

Hay sombras y fuegos.
Baila el terror vestido de negro.

64

Y en filas gemelas,
por las carreteras
afirman sus muecas
las sanguinolentas
y frías chaquetas.

Con sombras y fuegos
Dios se pasea vestido de negro.

NO ES POR NOSOTROS

NO arranca el pájaro por que sí.
La mosca, la brizna, están ahí.
No vuela en balde,
ni canta por amor al fraile.

65

–Que San Francisco le perdone;

el pájaro tiene sus amores.

Y su hermano no tiene capucha,

cordón ni sandalias rústicas–

No canta el pájaro porque sí.

Rayo de sol lleva en la cola.

Algo le llama por ahí.

Alguien que también canta sola.

No canta el pájaro para tí.

Ni para mí.

Ni para San Francisco de Asís.

VIENTO Y PAJARO

EL viento no muere en las zarzas,
   ni se cae porque dé en las rocas.
El viento no se parte.
Da en un cuchillo y no sangra.

66

[224]

Quisiera no detenerme jamás.
Quisiera no decaer por los golpes,
ni sangrar cuando las esquinas me parten.
Como soy pájaro
mi tierra es el aire,
mi Costa Azul la brisa,
mi Cabo de las Tormentas el viento.
Como soy pájaro
mi caballo es el aire,
mi columpio la brisa
y mi cerveza el viento.

El viento que nunca se rompe,
ni se detiene en los zarzales.
Cuerpo que no pesa
y que al morir no deja restos.

                                        José Moreno VILLA

                              67

E S T U D I O

TE recorro, lentamente,
    con las palmas ansiosas de mis manos,
como una vereda preferida
en las trigadas ancas de la sierra.
Reconozco tus pinos, tus espinas,
tus recodos de sombra,
los arroyos azules de tus venas,
las montañas distantes de tus hombros.

68

En el abismo de tu voz me asomo
a lanzar mi palabra de silencio,
palabra que se expresa
con goces de esperanza temblorosa.
Y puedo ver el mar desde tus ojos,
un mar con las mejillas de manzana,
metálico clamor
con olas de suspiro y rebeldía.
Más allá de las playas de tus piernas
diez pétalos de nácar se aproximan
coronando diez dedos peces rosas.
¡Oh maravilla universal que cabe
en el hueco caliente de mi manos!
¡Oh arena movediza y calcinada
donde siembro violencias de caricia!
Geografía de sueños que sorprendo
al rodar por los mapas de tus muslos.
Inesperado viaje
por el mundo candente de tus brazos . . .
y no hay lejos, ni cerca, ni imposible,
porque todo se oprime
con tus dedos trenzados en mis dedos.
¡Oh eterno viaje, inmóvil, luminoso;
horizonte que pesca tu cabello,

69

la distancia vencida en tus rodillas
y el cielo, palpitante,
en la copa de sombra que nos guarda!
Nada más.   Nada más y nada menos.
Aquí tengo el futuro y el sonido,
los astros al alcance de mis manos
y el sudor del encino
resbalando en aromas mensajeros.
Aquí tengo la vida y el suicidio,
el alma del instante en siglos fuerte
para morir sin que la muerte sea
ese miedo a morir
y poder prolongar
la certidumbre de saber que eres
más allá de los campos de la muerte,
más allá de la muerte del vacío . . .

Elías NANDINO

70

4 POEMAS DEL LIBRO INEDITO "RECINTO"

1

ANTES que otro poema
        -¿del mar, de la tierra o del cielo?-
venga a ceñir mi voz, a tu esperada
persona limitándome, corono
más alto que la excelsa geografía,
de nuestro amor el reino ilimitado.

71

Y a tí, por tí y en tí vivo y adoro.
Y el silencioso beso que en tus manos
tan dulcemente dejo,
arrincona mi voz
al sentirme tan cerca de tu vida.

Antes que otro poema
me engarce en sus retóricas,
yo me inclino a beber el agua fuente
de tu amor en tus manos, que no apagan
mi sed de tí, porque tus dulces manos
me dejan en los labios las arenas
de una divina sed.
Y así eres el desierto por
el cuádruple horizonte de las ansias
que suscitas en mí; por el oasis
que hay en tu corazón para mi viaje
que en tí, por tí y a tí voy alineando
con la alegría del paisaje nido
que voltea cuadernos de sembrados . . .

72

Antes que otro poema
tome la ciudadela a fuego ritmo,
yo te digo, callando,
lo que el alma en los ojos dice sólo.
La mirada desnuda, sin historia,
ya estés junto, ya lejos,
ya tan cerca o tan lejos, que no pueda
por tan lejos o cerca reprimirse
y apoderarse en luz de un orbe lágrima,
allá, aquí, presente, ausente,
por tí, a tí y en tí, oh ser amado,
adorada persona
por quien, secretamente, así he cantado.

4

V IDA,
     ten piedad de nuestra ínmensa dicha.

73

Deste amor cuya órbita concilia
la estatuaria fugaz de día y de noche.
Este amor cuyos juegos son desnudo
espejo reflector de aguas intactas.
Oh persona sedienta que del
brote de una mirada suspendiste
el aire del poema,
la música riachuelo que te ciñe
del fino torso a los serenos ojos
para robarse el fuego de tu cuerpo
y entibiar las rodillas del remanso.

Vida,
ten piedad del amor en cuyo orden
somos los capiteles coronados.
Este amor que ascendimos y doblamos
para ocultar lo oculto que ocultamos.
Tenso viso de seda
del horizonte labio de la ausencia,
brilla.
Salgo a mirar el valle y en un monte
pongo los ojos donde tú a esas horas
pasas junto a recuerdos y rocíos

74

pongo los ojos donde tú a esas horas
pasas junto a recuerdos y rocíos
entre el mudo clamor de egregias rosas
y los activos brazos del estío.

6

CON cuánta luz camino
   junto a la noche a fuego de los días.
Otros soles no dieron sino ocasos,
sino puertas sin dueño, soledades.
En tí está la destreza de mis actos
y la sabiduría de las voces
del buen nombrar; lo claro del acento
que nos conduce al vértice del ámbito
que gobierna las cosas.
Gracias a tí soy yo quien me descubre
a mí mismo, después de haber pasado

75

el serpentino límite que Dios
puso a su gran izquierda.   Sólo tú
has sabido decirme y escucharme.
Sólo tu voz es ave de la mía,
sólo en tu corazón hallé la gloria
de la batalla antigua.   Ten piedad
de nuestro amor y cuídalo, oh Vida!

20

AMOR, toma mi vida, pues soy tuyo
   desde ayer más que ayer y más que
siempre.
La voz tendida hacia tus voces mueve
los instantes de flor a hacerse fruto.

Ya el aire nuevo su cantar se puso,
ya caminos por ágil intemperie

76

con la desnuda invitación nos tienden
las manos del encuentro que ambas juro.

Amor, toma mi vida y dame el ansia
tuya, de tí y eterna; ven y cambia
mi voz que pasa, en corazón sin tiempo.

Manos de ayer, de hoy y de mañana
libren a la cadena de los sueños
de herrumbre realidad que, mucha, mata.

Carlos PELLICER

77

DESCIENDE OCTUBRE

Es como una llovizna de día abierto,
    vuela un surco de pámpanos sus basuras
    tardías,
oro en mi alma acude de mariposas muertas
y ciclones de polvo por el viento.

Cuando en el arca mis llaneros duermen,
duerme el tiempo cansado de la vida,

78

y los bueyes bermejos oyen una garganta
clara en el aire y duermen,
y escuchan unas alas mi prisionero llanto.
Octubre, Octubre, capataz de mis aires,
de tu viril cascada
abres la nuez del tiempo que yo espero,
que mis ojos esperan, cálidos como máscaras
donde el espanto hallara cementerios,
y húmedos de ternura como un litoral largo
que el medio día tuyo lame incesantemente.

Mi alma es feliz en la espiral del humo,
hacia el tiro de rubias sementeras
que cruzan por los ángeles:
maduradas semillas
en banderas ingrávidas del aire;
enredaderas tibias asidas en mi ascenso
de hiedra moribunda
por este golpe angélico que siento.
Octubre, Octubre, de tus calzadas entra
la criba de oro pálido para subir un día,
y arrastrarás el frágil, metálico crujiente
de endurecidas hojas, hasta el tiempo.

79

Oigo por mi recuerdo carrizales vencidos
en una lenta acequia de lavanderas blancas,
y las voces sopladas por el viento,
la soledad sonando por túneles del viento,
y en serpentines ágiles
arrebata el otoño transparentes entrañas.

Subirá de las hembras el sol claro en la frente
y de los sexos negros la mañana,
y pasarán mis ojos y el otoño
y las semillas presas en el chiflón de Octubre,
y en su vuelo mi alma,
como un cálido airón enrarecido,
a tu diáfana altura, república de ángeles.

80

POR EL TIEMPO
QUE VUELVE

LA tierra de tus doncellas tiene el sabor del
       primer lirio,
oh virgen próxima,
despertada y perdida en mi corazón.
Su fresca avenida, su naciente ropa,
sus pámpanos y laureles de la edad del cordero,
aún están fríos del alba.

81

Tú sola lenta, ya nacida
del final del invierno, con tu salud tan clara,
vendrás como las procesiones que vestían de
      blanco
y entraban por las orillas del pueblo a las once
      del día,
sobre las flores de las Tierras Negras.

Tú llegarás, tú llegarás,
con todo el cielo del tercer mes, tan puro,
igual a tu mirada venida desde tan bajo,
desde el mar.

Mírame hoy en este lugar del Mundo, en esta
      altura,
donde en medio de un valle despierto al sol,
una ciudad contemplada, parecida a las otras,
duerme, como un lagarto, su sueño silencioso.
Aquí te espero, porque yo nací en tí,
cuando caías sobre mis ojos recién hallados.

Tus palomares altos todavía los oigo,
abiertos de alegría como el arroz de las nupcias.

82

Aún aprisionada, te conozco:
sobre los años un ala aguda y cálida como arma
        del recuerdo,
traspasa la amargura, cruza sobre el sabor,
separa el pabellón de los días que mueren.
Entonces, cuando tú te estableces,
de estas duras garitas se sale al infinito,
la eternidad está detrás de la barda,
ingrávida y perfecta,
recostada sobre un solar de geranios.

Yo perdería el tiempo,
olvidaría su amistad y su lástima,
su lecho preparado para que nosotros durmamos,
su llanto, sus lugares, todas sus dulces cosas,
llevadas como el manto de un pobre rey sin
        cortejo,
sobre este mismo suelo brillante por el sudor,
donde solemos, una vez, morir.

Yo habitaría tu instante,
tu perdurable instante, virgen mía,

83

llamada primavera por un sabio olvidado,
parecida al amor, sólo al amor de este mundo.

Alberto QUINTERO ALVAREZ

84

PROPIA IMAGEN

TE metiste a bañarte en las aguas eternas de
    un espejo
y al encontrarse tu cuerpo con tu cuerpo la luz
    se hizo pedazos
y cayó con caída de flores deshojadas.
Tu espalda con tu espalda: tus ojos en la noche
    o un clavel en tus labios.

85

Los brillos derrotados rodaron como perlas a lo
    largo
del estanque, en huída, en tu cintura
despidiéndose en lentos besos claros;
tu pecho con su imagen en estéril contacto ena-
    morándose,
como el inútil frío matrimonio de las vírgenes
    siempre
figuras de baraja con sí mismas,
como las dos mitades de una manzana;
el cristal se rompió como un río,
vacunando de luz, contra la luz, tu dulcemente
    ensombrecida espalda,
incapaz tu belleza de sí misma,
irresistente aun tu copia a tu presencia;
quedó en tu carne el rubor de los besos y del
    triunfo
como un rayo de sol en las plumas de un cisne.
Esa tarde quisiste volar, pero no te dejaron mis
    brazos;
esa tarde quisiste morir, y mis súplicas no te
    dejaron;
esa tarde te quise besar, pero no se atrevieron
    mis labios.

86

Tú pasaste la noche a tu gusto, en silencio
    muriendo y volando.
Yo, con fuego en la boca, mordiendo la almohada
    y llorando.
Como una antorcha tú, agitándote en el sueño y
    el delirio.
Yo adorándote mudo, sin mi cuerpo,
sentado en las afueras de mí mismo.

Rafael SOLANA

87

Soledad, soledad
¡cómo me miras desde los ojos
de la mujer de ese cuadro!

S OLEDAD que me tiene y no me mira,
que siento ciego y no toco ni creo;
aunque cierre los ojos no la veo,
y sin embargo me mata y me inspira.

88

Es en mi aliento ella quien respira;
vive de mí sin pausa y sin recreo,
bebe mi sangre y mata mi deseo.
Si le tiendo la mano, se retira.

Sorda, enguantada, cercena mis ecos
y paso y voz y músicas mutila;
continente invisible, oscura estrella,

es el silencio de mis labios secos,
es el desierto que hay en mi pupila,
mi mano que al tocar no deja huella.

Vivo tan solo que vivo sin ella.

TIEMPO, rosa sin fin
      y rosa siempre viva,
¿qué mano te cultiva

89

en secreto jardín,
y con qué oscuro fin
tu esplendor me provoca,
si eres perfume y roca,
rosa-esfinge que inquiere,
y se deshoja y muere
la mano que te toca?

And seven more loves in my bed
Crown with wine my mournful head.

WILLIAM BLAKE

LA tarde lluvia de ceniza
con mi soledad fraterniza.

Pero implacable, pero eterna,
hembra de un silencio que infierna,

90

y por mi espina se desliza.

Y me he estremecido apenas
cuando ya corre por mis venas

y se aposenta en mis retinas
y corre todas las cortinas

y ensaya todas las coronas:
la de azucenas y la de anémonas

y la de vino y la de espinas.

Me desposa ante su muda corte
y me hace silencio consorte.

Para ahuyentar mis amores viejos
desazoga todos los espejos.

Borra la voz de otras parejas
haciendo el mar en mis orejas.

Ella es la sirena ejemplar
y el negro ángel tutelar.

91

En mis pies se viste de nieve
que nada mancha ni conmueve;

y cuando hasta mis ojos sube
va toda vestida de nube;

si pasea por mi frente luego
se pone un manto de fuego.

Sonámbula en sueños me vela
y en mi carne vivaz se revela.

En mis noches intranquilas
secreta perlas en mis axilas.

A veces sale con pasos quedos
para crecer entre mis dedos,

hasta revestirme por fuera,
la nervadura de su enredadera.

92

FRAGMENTO

EL Tiempo al mismo tiempo.
   Las olas inmóviles,
la espuma petrificada de la nieve,
Esta tarde, en New Haven,
ví una niña alta entre dos puertas.
En sus ojos no había nada más que color,
en su boca no había nada más que silencio,
y no tenía olor.

93

Pero yo nunca ví una boca más pequeña
ni más viviente:
por ella pasaba toda la sangre de la niña.
Estaba vestida de invierno.
Todos los impulsos:
el del beso, el del crimen.
¿Por qué saliste de esa casa sin hablarle?
¿Por qué no vuelves?   Vuelve.
Mira mis bolsas llenas de pretextos,
sacaré más por mis mangas.
Vuelve   Bésala   Mátala
Ponla frente a un espejo
Amala
O toi que j'eusse aimée!

Me he metido hasta las rodillas
entre la nieve congelada y quebradiza
por ir pensando en ella.
Y dudé ante el signo.
Pero pensé que sería terrible
si ya no estuviese allí.
No vuelvas —No vuelvas
o caerás de nuevo en la nieve.

94

Mejor mírala siempre así:
una niña alta y sin olor,
pensativa entre dos puertas.

Rodolfo **USIGLI**

95

POESÍA
1938

Poesía, Mensual de literatura. México, D. F., núm. 1, marzo de 1938 — núm. 3, s.f. Director: Neftalí Beltrán. Impresor: Ángel Chápero. (Tres números.)

Entregas de 28 pp. Sin·ilustraciones.

PRESENTACIÓN

En sus tres números, *Poesía* congregó a varios de los poetas que *Taller Poético,* en su intento de publicar la poesía de "los representantes de todas las generaciones vivas y de todos los grupos", había reunido en sus páginas en los dos años anteriores. Coincide con ella también en su decisión de no publicar más que poemas —preferentemente, de autores nacionales.

El espectro va de Enrique González Martínez a Neftalí Beltrán, director de la revista y miembro de la generación que se llamaría de *Taller,* por la revista de ese nombre que Octavio Paz emprendiera con Rafael Solana, Efraín Huerta, Alberto Quintero Álvarez y otros en 1938, y que se mantendría en pie hasta 1941.

A pesar de las notorias diferencias que van de generación a generación, y aun entre ellas, de poeta a poeta, *Poesía* consiguió eliminar graves disparidades por medio de un criterio de selección infalible y de un indiscutible buen juicio en la edición. Los poemas se sustentan por sí mismos y parecen abandonar momentáneamente la corriente que representan para confluir en el ritmo general de la creación poética.

En *Poesía* encontramos momentos excelentes del más radical vanguardismo (Novo), al lado de notables ejemplos de poesía mesurada, escolar en el corte (Reyes); poemas de tono coloquial (Magdaleno) y ensueños de cuento de hadas (Pita Rodríguez); canciones (Cotto) y sonetos que combinan la maestría técnica, la religiosidad y un excepcional sentido plástico (Pellicer); poemas intimistas (Prados) o de intenso lirismo (Villaurrutia), e incursiones en la poesía partidaria, pendiente del pulso histórico (Paz).

Como parte de su propósito de reconocer influencias y de contribuir a la divulgación de autores extranjeros, *Poesía* incluyó en cada número un suplemento, dedicando a un solo poeta los dos primeros (Walt Whitman y T. S. Eliot, traducidos por José Vázquez Amaral y Rodolfo Usigli respectivamente) y el último a una espléndida antología mínima del surrealismo, preparada y traducida por el poeta César Moro.

POESIA

REVISTA LITERARIA DE NEFTALI BELTRAN

MEXICO, MARZO DE 1938

E. González Martínez   Suplemento:

Francisco Monterde   WALT WHITMAN

Salvador Novo

Elías Nandino   Traducción

Joel Patiño   José Vázquez Amaral

LA IMPRIME ANGEL CHAPERO

P O E S I A

Toda Correspondencia a PLYCSA Fraternidad 31

POESIA

REVISTA LITERARIA DE NEFTALI BELTRAN

1

SUMARIO:

MEXICO, MARZO DE 1938

De los Poemas que publique POESIA únicamente

serán responsables sus autores.

BLOQUE

DE aquel amor entre los dos fundido
    en un crisol de cántico y lamento,
    ha de quedar en alto el monumento
con besos y con lágrimas bruñido.

Ni humana injuria, ni tenaz bramido
de adversas olas minarán su asiento;
noble laurel lo guardará del viento,
y su propia belleza, del olvido.

7

Borrará el tiempo la inscripción de ahora.
¿Qué importa la leyenda a quien ignora
el drama oculto de pasión y llanto?

Mas en el bronce la emoción futura
hallará lo que vuela y lo que dura:
el recio bloque y el eterno canto.

O N D A

ESTE arroyo tenaz que desenvuelve
su cinta azul desde la roca viva,
era ayer nada más agua furtiva;
hoy, esperanza en fuga que no vuelve.

8

Su trino de cristal era una extraña
voz sin sentido, vacuidad sonora;
hoy sabe lo que canta y lo que llora,
y comenta el dolor de la montaña.

A ciegas de su rumbo y de su suerte,
ayer cruzaba el arenal vacío . . .
Hoy siento miedo de llegar al río
y presagia los mares de la muerte.

MILAGRO DE
LA TARDE

MISTERIO vespertino.
    Se cansa el pié de dibujar la huella
    en el fino arenal de mi camino;
y no me canso de mirar la estrella.

9

Me escondo en el más hondo
recinto de mi sueño de locura
y un cantar, en el fondo
de aquel silencio, rompe la clausura,
y me mueve a cantar, y le respondo.

Misterio vespertino.
Cansancio de mirar y de oír tanto,
frente al doble milagro repentino:
la huella de la estrella en el camino,
y el encanto divino de aquel canto . . .

BAJEL
FANTASMA

SOMBRAS viajeras, íbamos cortando
el silencio del mar . . . Bandas de peces
en isócronos saltos, proseguían
junto a la borda acompasadamente.

10

Bogar, bogar . . . Ausencia de la luna,
noche sin fin y rumbo que se pierde . . .
En un canto coral y sin palabras,
confundidos los ayes y las preces.

Ni horizontes ni auroras
en el confín . . . Un leve
chasquido entre las ondas . . . Algo cae
y en la noche profunda desparece.

Pavor entre las sombras . . . Pero nadie
se atreve a preguntar ni el rostro vuelve . . .
Monótona harmonía de las aguas,
apiñado terror y luna ausente . . .

Bogar, bogar . . . El equipaje mudo
¿a dónde llegará, de dónde viene? . . .
Insomnio en las pupilas angustiadas . . .
Y gobernando en el timón, la Muerte.

11

CANCION

CANCION para los que saben
   lo que es llorar . . .
¡Quién pudiera darte al viento
e irse al viento en el cantar!

Canción como lluvia fina
sobre el mar,
que se disuelve y es nube
que sube y vuelve a llorar . . .

Canción que en alma es lluvia,
canción que es llanto en el mar . . .
¡Quién pudiera darte al viento
e irse al viento en el cantar

12

LA DESPEDIDA

NO ha de besarme en la angustiada hora
de mi trance mortal, y será en vano
que busque la caricia de su mano
con el afán con que la busco ahora.

Será el morir como distante aurora
perdida en sueños; sentiré cercano
el leve soplo de un suspiro hermano
o la filial desolación que llora.

Su beso, no . . . La trágica amargura
de su último mirar, en mí perdura
cada vez más tenaz y más adentro . . .

Aquellos ojos de paloma herida
sellaron la suprema despedida
¡por si no hay otro viaje ni otro encuentro!

E n r i q u e
G O N Z A L E Z   M A R T I N E Z

VACACIONES
EN EL TROPICO

PEREZA de escribir y de leer.
   Pereza de todo:
      de meditar sobre cosas graves:
de hacer juegos con las ligeras.

Pereza de ver los objetos
-hasta los más familiares.
Pereza
de arrastrar la mirada

14

por entre los párpados entreabiertos,
sin detenerla en nada,
como los muertos.

Pereza total,
hasta para hacer el menor esfuerzo:
no extendería la mano
para impedir que se ahogara
un ser humano
ni abriría la boca
para dar la voz de alarma en un incendio.

Pereza del trópico.
Hora de la siesta
en la hamaca mecida en la sombra
fresca.
Zumbido amodorrado de las moscas;
ruido del agua
que cae en el tinaco.

Quisiera beber agua, pero . . .
Aguardaré a que caiga el sol
detrás de las montañas.

15

Con la noche, bajo la luna,
renacerán las fuerzas agotadas
y podré vagar por la playa,
bajo las palmas,
silencioso como uno de tantos tradicionales fantasmas.

Después me arrebatará el sueño,
en su avión sin motor
y me iré por encima de las nubes
de fieltro gris.

Pereza. Se ha acabado
la punta de mi lápiz.
La navaja está en una bolsa del chaleco;
pero el chaleco está colgado
dentro del ropero
y el ropero está en el cuarto del hotel.
Lejos.

¿Llamaré para pedir
otro lápiz?
No. Mejor dejaré de escribir
hasta mañana.

16

SIRENA

AVANZA, nadadora desnuda, la sirena
    con fácil ademán: erguido el brazo esbelto
inquiere por mi ruta, que torcerá el escollo
de sus cabellos rubios. Bajo la frente limpia
se adormecen los párpados; su boca me sonríe.

Ya sólo nos separa la distancia de un grito:
no perderé el milagro de su fina garganta.
-¿Cómo será, Odiseo, la voz de una sirena?-
Aguardo que ella cante, para lanzarme al mar
y perseguir, nadando, el brillo de su cauda.

La sirena sonríe. Su mano transparente
aletea llamándome, y yo, de pié en la barca,
me dispongo a saltar, cuando escuche su canto;
pero sobre el mar quieto la sirena está muda,
y prosigo mi viaje, ¡oh sirena sin voz!

FRANCISCO MONTERDE

EL SUEÑO
DE ANOCHE

el sueño de anoche triple cuádruple pleno plano
   plinio
plinii secundi leo leobardo leopardi lee de cabo a
   rabo
de cabotaje sabotaje salvaje sálvame sargento ar-
   gento agente
gente gentil genil genital genuflexa general gené-
   rico genético

18

frenético sin freno sin fresno sin fresco sin frasco
    sin asco
sintasco sintáctico sintético simétrico similibus
    liber libri
la pobre mujer se inventaba aventuras matutinas
que la dejaban exhausta para cuando los demás
    llegaban
y luego les fingía unos celos desproporcionados pero
    ella
ah ahora en la mañana aunque ya nadie se lo creía
ya sabe que aquí me encuentra y hacía unos gran-
    des ademanes
unos grandes alemanes unos grandes alamanes
en cuanto a la otra pobre vieja que se enfría con
    una negativa
y no entiende por que toda su vida ha buscado el
amor
amor
amor
no señora es verdaderamente imposible
que usted esté satisfecha con esta vida algo le falta
sí le faltaban siquiera otros tres pero ella quería decir
amor
amor
amor
como ella lo entendía lo extendía día día
una vez puede pasar porque a cualquiera le pasa a
    todos
les ha pasado pero cuando el llanto y el quebranto de

19

quererte tanto en fin yo como voy a entender eso
      ella sabrá

y todos los que hacen traducciones de omar kayam
      detective

tampoco a mi amiga la pueden acusar de enamo-
      rarse porque

yo la he visto y qué descanso cuando simplemente
      nos vamos

y sobre una máquina cualquiera mientras es os-
      cura y propicia

todo es cuestión de luz más luz o menos luz licht
      mehr licht

aber wir alle wir zwei sind genug heute nur heute
      nur goethe

es lebt die freiheit tatachún tatachún tatatatá ra-
      chún

valiente pendejada dedicarse a cubrir un siglo el
      siglo

de las luces las rosas las juanas y las celias para al
      fin

venir a casarse con adela y tener relaciones con los
      parnasianos

etre un fou qui se croyait un fou ergo quod erat de-
      monstrandum

al fin de los siglos todavía estarán royendo el pan
      como

enormes ratas semejantes a osos que disgregan el
      maíz

S A L V A D O R   N O V O

ESTUDIO

YO no sé si el amor es el tormento
        de este vivo imposible a que me abrazo,
ni si gozar es esto que me oprime
y me arropa de llanto las pupilas,
pero el martirio en que me estoy matando
es el anhelo porque estoy viviendo.
¡Oh maravilla del amor clamante
en la pureza de dieciocho abriles,

21

cuando la vida dice,
con secretos de aurora pudorosa,
el beso de esperanza conmovido
y el goce de lujuria sin pecado!
Su cuerpo de jazmín en madrugada
hace vaivén de luna
en las puntas ansiosas de mis dedos;
y ni el azul del cielo,
ni el fulgor de los astros,
ni el temblor de los ríos,
ni el mundo amanecido,
me faltan cuando nace su sonrisa.
¡Me siento tan feliz,
que los ángeles flotan en mis sueños
como si el cielo se adentrara en mí
y los nervios se hicieran luminosos!
Tengo el amor hundido hasta los huesos,
mi sangre es el amor enrojecido
y el horizonte es rosa que me roza
porque nada es distante en estas horas
en que miro mis ojos en sus ojos.
Soy el mundo en mí mismo,
completo delirar de mi locura;
en los instantes de mi vida caben
los siglos infinitos
y Dios me oprime como entraña nueva.

22

El verde de montaña se aproxima,
la llanura es mejilla que se toca
y en rama y valle la ilusión se mece
porque tengo sus brazos extendidos
esperando el abrazo de los míos.
Cuerpo desnudo de trigal que espera
la espiga en beso que al besar es oro,
y como sol en agua conmovido
su torso tiembla de temblar conmigo.
Me siento tan feliz
que me he olvidado de mi propio nombre
y respondo al instante de sus labios
con el alma vertida en mis sentidos.
Mentira los que dicen que no existe
el amor y la vida,
los que niegan las nubes del ensueño
y el romance en arcángeles florido;
mentira los que afirman que la luna
es un muerto cristal abandonado
y que niegan la luz de las estrellas
que baja en las pupilas que nos aman;
todo es verdad cuando su boca besa,
cuando su voz metálica deshoja
el hilo de amapolas intangibles;
todo es verdad cuando su cuerpo vibra
sobre mi cuerpo ansioso

23

y germinan los tallos de promesas
en la infinita tierra del deseo.
Tengo todo el amor enamorado
y en un vuelo de pájaros luceros
esta cantando el pensamiento mío.
De nube a estrella juega mi caricia
temblor de luna que en su torso palpo
música de presencia que respiro,
en este mar sin fin de su presencia.
Me siento tan feliz que casi creo
en el siglo de siglos del instante;
en el único instante de mi vida
que hace toda mi vida en un instante.

ELIAS NANDINO

CANTA mi corazón . . .
       Palabra de poesía
amanecida al aire,
canto con el rumor . . .

Manso rumor de fuente,
-hilo de agua blanca-
que cae y se levanta
y en grito se convierte,

25

Con el trino a cuestas
ya la rama se inclina,
y caen en loca huída
voz, rumor y silencio.

Y derrama el estanque,
con la sola presencia
de esta joven estrella
hallada en mi mano.

A FAN inútil, de guardar
como estampas de colores,
las huellas venidas día
tras día de tu presencia.

26

El viento, sabio en secretos,
me dice cuales rumores
amanecen en tus labios,
y me los deja por nada.

Inocencia de este viento,
que llama a mi corazón
alcancía de esperanzas
eternamente vacía.

La estrella, niña, que juega
con infantil alegría
al sube y baja en la fuente
que se derrama en murmullos,

cuando descansa en la orilla
me pregunta con azoro,
si guardo también el agua
que sabe de tus imágenes.

J O E L   P A T I Ñ O

EN EL PROXIMO NUMERO DE

POESIA

COLABORAN:

ALFONSO REYES

CARLOS PELLICER

JUAN COTTO

VICENTE MAGDALENO

RAMON GALVEZ

SUPLEMENTO: T. S. ELLIOT
Traducción de Rodolfo Usigli

DEL INCESANTE

VAIVEN

DE   LA

CUNA

por

WALT WHITMAN

TRAD. DE JOSE VAZQUEZ AMARAL

México-MCMXXXVIII

DEL incesante vaivén de la cuna,
Del péndulo sonoro del burlón,
De la media noche del mes nono,
Sobre árida arena y más allá de los campos,
          el niño, abandonando su lecho, vagaba
          cabellera al viento con los pies calzados de sombra,
A través del nimbo llovido,
Fuera de místicas luchas de sombras tejiéndose y retorciéndose cual
          seres vivos,
Escapando de manchas de espino y zarzamora,
Del recuerdo del ave que me cantó,
De tu recuerdo, hermano triste, del entrecortado caer de tu pecho,
Oído y sentido bajo la mitad de una luna amarilla redonda de llanto
          y en fuga hacia el día,
De las primeras notas de anhelos y amor en esa penumbra,
De mil respuestas inacabables de mi corazón,
De infinitas palabras nacidas al vuelo,
De la palabra única más fuerte y deliciosa que todas,
Como las que ahora hacen volver a vivir,
Como manada remontándose, pasando por encima,
Asida aquí, antes que todo se vaya, apresuradamente,
Soy hombre, mas por estas lágrimas niño,
Tirado sobre la arena, de cara hacia las olas,
Yo, cantor de dolores y alegrías, conciliador del presente y el futuro,
Cosechador de insinuaciones para luego superar,
Cantemos el recuerdo.

1

Una vez en Paumonok,
Cuando traía olor de lilas el viento y crecía la hierba del
                    quinto mes,
Por la playa, entre espinos,
Dos alados viajeros de Alabama, juntos,
Y su nido y cuatro huevecillos verdiclaros moteados de café,
Diario el macho iba y venía sin alejarse,
La hembra siempre agazapada en su nido, callada, sus ojos luminosos,
Diario yo, curioso rapazuelo, jamás muy cerca, jamás punteando,
Discreto asomo, saturación y traducción
¡Brilla! ¡brilla! ¡brilla!
Riega tu calor gran sol
Mientras nos precisamos en tí, nosotros dos,
¡Solos nosotros dos!
Que sople al sur o sople al norte el viento,
Que llegue blanco el día, oscura la noche,
El terruño, los ríos, las montañas del terruño,
Cantando siempre, atemporales en su canto,
Y mientras juntos nosotros dos.

Hasta que de pronto,
Acaso muerta, en la oscuridad su compañero,
Una mañana la hembra no anidó en su nido,
No volvió aquella tarde ni la otra,
Jamás volvió.

Desde entonces y todo el verano en el rumor del mar,
Bajo el plenilunio de las noches claras,
Sobre el ronco mar embravecido
O en el día volando de espino a espino,
Ví y oí entrecortadamente al muerto vivo
Al viajero alado de Alabama.

¡Soplad! ¡soplad! ¡soplad!
Soplad marinos vientos de la playa de Paumonok;
Esperaré hasta que me devolváis mi vida.

2

Sí, al brillar de las estrellas,
Durante la noche entera, sobre horca de estaca peinada de musgo,
Casi entre el batir de las olas,
El maravilloso cantor arrancaba lágrimas.

Llamaba a la suya,
Vaciaba sentidos que yo, único entre todos los hombres, entiendo,
Sí, hermano mío, yo entiendo,
He atesorado cada nota, tal vez otros no,

Pues más de una vez, en la penumbra, deslizándome hasta la playa,
Silencioso, huyendo a la luna, disuelto en la sombra,
Recordando ahora formas oscuras, sombras, sonidos, ecos y vistas,
Batiendo incansable los blancos brazos al romper de las olas,
Yo, descalzo, niño, el viento volando mi cabellera.

Escuché mucho, mucho.
Escuché para siempre, para traducir las notas después,
Siguiéndote hermano mío.

¡Acaricia! ¡acaricia! ¡acaricia!
Apretujándose a sus olas las acaricia la última
Y enseguida otra que corre a alcanzar y abraza y recoje a cada una
          apretadamente,
Pero mi amor a mí no me acaricia, no me acaricia.

La luna cuelga muy bajo, tarde salió,
Arrastra—creo que está pesada de amor, amor

Espasmódico, el mar empuja sobre la tierra,
Amorosamente, amorosamente.

¡O noche! Estará mi amor revoloteando entre el romper de las olas?
Qué será un punto negro que veo entre lo blanco?

3

¡Grito! ¡grito! ¡grito!
¡A gritos te llamo mi amor!
Fuerte y clara disparo mi voz sobre las olas,
De seguro sabrás quién está aquí, quien está,
Has de saber que yo soy, amor mío.

¡Luna lamiente!
Qué es el oscuro lunar en tu amarillo moreno?
¡O es la forma, la silueta de mi amada!
¡O luna, no me la escondas más!

¡Tierra! ¡tierra! ¡tierra!
Para donde yo me vuelva, pienso que mi amada me darías, si quisieras,

Casi estoy seguro de verla cuando me vuelvo a donde sea.
¡O nacientes estrellas!
Acaso la que yo tanto anhelo brote, brote con alguna de vosotras.

¡Garganta! ¡O garganta temblorosa!
¡Suena más clara en el viento!
Hiere los montes, la tierra.
En algún lugar, expectante, estará la que yo busco.
¡Escapad, canciones!
¡Abandonados aquí, los cantos de la noche!
¡Cantos de amor desamparado, cantos de muerte!
¡Cantos bajo esta cansada, amarilla y agonizante luna!
¡Bajo esta luna en el punto donde cae marchita sobre el mar!
¡O canciones temerarias, canciones desesperadas!

¡Suavemente, hundíos suavemente!
¡Quedamente! dejad que apenas murmure,
Espera un momento, mar de roca voz,
Creo haber oído allá lejos la respuesta de mi amada,
Quedamente, tan quedamente que debo callar, callar para oír,
Pero no del todo porque entonces podría no venir luego.

4

¡Aquí, mi amor!
¡Aquí estoy! ¡Aquí!
Por esta nota sostenida me conocerás,
Esta suave llamada es para tí, mi amor, para tí.

No te engañes,
Lo que oyes es el caracol de viento, no es mi voz,
O el revoloteo, el revoloteo de la marina espuma,
Tal vez las sombras de las hojas.

¡O oscuridad! ¡O en vano!
¡O como estoy enfermo y pesaroso!

¡Oh nimbo bruno hecho de cielo que abraza la luna al caer marchita
            sobre el mar!
¡Oh doliente reflejo sobre el mar!
¡Oh garganta! ¡Oh corazón latiente!
Y yo cantando inútilmente la noche entera, inútilmente.

¡Oh pasado! ¡Oh vida dichosa; Oh canciones de alegría!
En el aire, en los bosques, sobre los campos,
¡Amado! ¡amado! ¡amado! ¡amado! !Amado!
Pero mi amada ya no está, ya no está conmigo!
Juntos ya no estamos más,

El aria se hunde,
Lo demás sigue, las estrellas brillan,
Los vientos soplan, la notas aladas muertas viven,
La vieja madre se queja feroz, iracunda, incesante,
Sobre las playas de Paumonok, estruendosa y gris,
La amarilla y dilatada media luna titubea y se arrastra por el cielo,
            la cara del agua casi lame,
El rapaz extático calza con el mar sus pies desnudos mientras el
            viento con sus cabellos juega,
Amor, tanto tiempo pálido en el corazón se escapa,
            en tumulto se desborda,

5

[293]

El espíritu del aria los oídos y el alma de pronto depositan,
Lágrimas extrañas surcan las mejillas,
Y luego el coloquio, luego el trío, gritando cada uno,

Medio tono; la vieja salvaje llora incesante,
Hoscamente acompasa las preguntas del niño, susurrando algún secreto,
        secreto ahogado,
Al naciente bardo.

Espíritu, ave (dijo el alma del niño),
¿En verdad cantáis a vuestra amada? ¿O en verdad a mí cantáis?
Yo que un niño era, dormida la voz de mi lengua, al oírte,
Sé de pronto porque soy, despierto,
Ya un millar de cantores, un millar de canciones, más claras, más
        fuertes y tristes que las tuyas,
Mil cantantes ecos han nacido en mí para jamás morir.

O cantor solitario, cantando solo, proyectándome,
O solitario yo, escuchando, jamás dejaré de revivirte,
Jamás escaparé, de las ondas jamás me escaparé,
En mí nunca morirán los gritos de sediento amor,
Ya nunca el apacible niño de hasta aquella noche,
Junto al mar, bajo la luna de amarillo plomo,
Sino el mensajero despertado, el fuego, el dulce infierno interno,
El desconocido anhelo, el destino mío.

¡Dadme el hilo de Ariadna! (por aquí entre la noche está,
Si tanto ha de ser mío, concededme más aún!

Una palabra entonces (será conquista mía)
La última palabra, más que todas,
Tenue, parto de la tierra—¿cuál será?—escucho;
¿La murmuráis, olas del mar y la habéis siempre murmurado?
¿Palabra que brota de vuestras orillas líquidas y arenas húmedas?

Y el mar me contestó.
Sin detenerse, sin apresurarse.

6

A través de la noche musitó blancamente antes del romper del alba,
Ceceó la tenue y deliciosa palabra muerte,
Una y otra vez, muerte, muerte, muerte, muerte,
Silbando melodiosamente pero no como el pájaro, no como mi desflorado
          corazón de niño,
Mas arrimándose, íntimamente musitando a mis pies,
Arrastrándose firmemente hasta mis orejas bañándome todo, suavemente,
Muerte, muerte, muerte, muerte, muerte,

Nada olvido,
Mezclo la canción de aquel espíritu sombrío y hermano mío.
La canción que me cantó a la luz de la Luna sobre la playa gris
          de Paumonok
Con las mil canciones afines encontradas dispersas, mis propias canciones
despertaron entonces, y con ellas la clave, la palabra de las olas,
La palabra del más dulce de los cantares,
La fuerte deliciosa palabra que arrastrándose a mis pies,
(O semejante a una vieja meciendo a una cuna, envuelta en ropas dulces,
inclinándose a un lado),
El mar me secreteó.

José Vázquez Amaral

● PRECIO DEL EJEMPLAR $ 0.60

Solicitamos Canje ● We ask exchange ● On demande l'echange ● Si sollecita contra cambio ● Wir bitten um austausch von publikationen.

2

COLABORAN

ALFONSO REYES
CARLOS PELLICER
JUAN COTTO
VICENTE MAGDALENO
RAMON GALVEZ
SUPLEMENTO-T. S. ELIOT
Trad. Rodolfo Usigli

POESIA

MENSUAL DE LITERATURA

LA EDITAN EN MEXICO, NEFTALI BELTRAN COMO
DIRECTOR Y ANGEL CHAPERO COMO IMPRESOR

POESIA

Toda correspondencia a PLYCSA, Fraternidad 31

2

A B R I L
D E 1 9 3 8

COLABORAN

ALFONSO REYES
CARLOS PELLICER
JUAN COTTO
VICENTE MAGDALENO
RAMON GALVEZ
SUPLEMENTO-T. S. ELIOT
Trad. Rodolfo Usigli

POESIA

MENSUAL DE LITERATURA

De los Poemas que publique POESIA únicamente

serán responsables sus autores.

CUATRO SOLEDADES

1ª.

CLARA voz de mis mañanas,
⠀⠀⠀¿dónde estás?
Mi Rua das Laranjeiras,
donde aprendían los pájaros
a cantar en español.
¿Dónde estoy?
¿Dónde estáis y dónde estoy?
Cielo y mar, sonrisa y flor,

7

¿dónde estáis y dónde estoy?
Ultimo sueño del tiempo,
gracia, esperanza y perdón,
¿dónde estáis y dónde estoy?
¿Dónde la secreta dicha
que corría sin rumor?
¿Qué se hizo el Rey Don Juan,
los Infantes de Aragón?
¿Dónde estáis y dónde estoy?
¿Dónde las nubes de antaño?
¿Adónde te fuiste, amor?
¿Dónde apacientas tus greyes
y las guareces del sol?
Digan: ¿quién la vió pasar?
(Y todos dicen: –Yo, no!).

2ª.

LOS tiernos ojos del niño
que me guiaban con su luz.
Los graves ojos del mozo,
que se abrieron a la vida
como quien mira su cruz.

8

Hombro y respaldo moral,
mano fuerte, dulce faz.-
Todo lo tenías tú.
Todo lo he perdido yo
desde que vivo tan lejos,
tan lejos de tu virtud.
Tu virtud brotó de mí,
largo alarido de sed:
que sólo engendran su sueño
un hombre y una mujer.
Todo lo tenías tú.
Y ahora que te me alejas
¿qué voy a hacer?
Entre libros y entre gentes
¿qué voy a hacer?
Entre pasiones ajenas
¿qué voy a hacer?
Entre ciudades y ruinas
¿qué voy a hacer?

3ª.

ESTE ratito que hurto
al tiempo de los demás;
este último refugio

9

para juntar mis pedazos;
este acallantarme solo
un instante nada más;
este acordarme de mí,
que se me quiere olvidar;
este engañarme a sabiendas
y tratarme con piedad;
este ver lo que me falta,
este ordenar y contar,
este llorar;
y empezar y no acabar,
y cuando estoy acabando,
sentir que me falta más . . .
Dizque íbamos a vivir,
dizque íbamos a viajar,
dizque ibas a acompañarme
y a entenderme y lo demás.
Y bien sé que no, y no importa,
y qué más me da,
si lo poco que durara
era de felicidad!
Despierto, cierro los ojos,
vuelvo a despertar.
¡Qué difícil engañarme,

10

durmiendo con la verdad!
¡Resucitar y morir,
morir y resucitar!

4ª.

-¿QUE tienes, alma, que gritas
a tu manera y sin voz?
-Los caminos de la vida
no llevan a donde voy.
-Mal sabes lo que procuras,
mal puedes con tu dolor.
¡Echate el alma a la espalda,
alma, y sigue con valor!
-No puedo, que salí al mundo,
y no me desengañó.
Ví una torre, ví una fuente,
ví una mujer, ví una flor,
sentí una canción, ví un ave,
adiviné un resplandor.
La torre se iba rindiendo,
se agotaba el surtidor,
mujer y flor se mudaban

11

perdiendo aroma y color,
el ave se estremecía:
ya no volaba, ya no;
y el resplandor que pasaba
¿dónde se fué el resplandor?

-¿Qué tienes, alma, que gritas
a tu manera y sin voz?
-Los caminos de la vida
no llevan adonde voy.

1 9 3 7

A L F O N S O   R E Y E S

POEMA DE LOS ARCANGELES

I

AL riesgo y la virtud libró su vuelo
    y el pie que alzó entre brisas luminosas
fué a las márgenes negras y ruidosas
que dan al monstruo de los males suelo.

Se batalla a mitad de tierra y cielo.
Al fuego horizontal que abatió rosas
la espada vertical muertes radiosas
dió a la cabeza múltiple en su anhelo.

La Virgen de las vírgenes subía
del cielo que listó con nuevas voces
a otro cielo de incógnita alegría.

Suspendiendo los coros de la vida
pasó el Arcángel -nube y luz veloces-
punzando estrellas con su espada henchida.

II

ABRETE rosa, danza, lirio oscuro,
    vengan los aires en rondas doradas.
Abajo, las raíces enlazadas
fiestas profundas lían bajo el muro.

Cayó de sólo miel fruto maduro.
El rocío salió de sus miradas
a recibir las primeras pisadas
que al jardín anunciaron el conjuro.

14

Perfumes y palomas espirales
ala de aroma a la noticia dieron.
Silencio en el planeta.   Matinales

manos abrieron pequeña ventana
y a la mano los pájaros vinieron
abandonando la viril mañana.

III

HUNDIO el Arcángel la brillante mano
en el agua y el pez fué prisionero.
Del hígado fluvial sacó el lucero
que hizo el eclipse de los ojos vano.

Y la sombra salió del cuerpo anciano
y amontonó su manto pordiosero
al pie del joven cuya voz primero
calló en sus ojos, maduró en su mano.

15

El Arcángel de pie junto a la puerta
miraba las miradas y en sus ojos
brincó la luz en peces descubierta.

La noche en cantos familiares vino
cuando el Arcángel con los dedos rojos
tomó sus alas y salió al camino.

C A R L O S   P E L L I C E R

Carlos Pellicer.

ACCION DE GRACIAS

A GABRIEL GARCIA ROJAS

PORQUE hay un canto en los más altos árboles
    y está la claridad del cielo, intacta,
en las oscuras aguas del pantano . . .

Porque en la suavidad de un brote nuevo
siente el manzano modelar las mieles
de los rubios panales de la abeja . . .

17

Porque está la Creación abriendo rosas
y el mar sigue en las rocas sustentando
los signos del Principio Innumerable . . .

Porque yo soy un juego de tus manos
lo mismo que una cauda de luceros
¡Gracias te doy, Señor!

BALADA DEL PRIMER AMOR

PORQUE llora la niña? No cesa de llorar
¡Hay niños en el bosque que juegan sin
cesar!

Está azul la mañana y huele el prado a anís,
¡ha cumplido trece años y quiere ser feliz!

Me hace sufrir la niña que no quiere jugar,
¡parece una muñeca que quiere conversar!

18

Baja del coche y saca, temblorosa, un papel . . .
¡ah, si lograra ver lo que está escrito en él!

Está azul la mañana y huele el prado a anís,
¡ha cumplido trece años y quiere ser feliz!

Mayo traerá mañana lirios de pubertad . . .
¡La niña ha visto un niño que es de su misma edad!

J U A N   C O T T O

TRASATLANTICA

VIAJERA que vas prófuga,
    y en un gran trasatlántico, sobre su cu-
        bierta,
dices cazar las nubes: mira bien
a tu lado, y que no se te ocurra simplemente
atribuirlo al mareo, pero yo viajo
contigo.   Soy uno cualquiera, otro más
que te mira a los ojos, de tus compañeros de
        viaje.
Voy no sé adónde.   No sé como me llamo.   Pero

20

Me llamo de algún modo y sé solamente que voy.
Llámame tú como quieras. (Un ave
viaja siempre en el mástil del barco)
En cualquier forma
estaré.

EL AMIGO

Rusia: un cuerpo y un
espíritu superiores a
toda tesis.

¿SABES tú del camino? Los viejos libros
no dicen nada de Rusia. Por las historias
clásicas
sólo supimos de Pedro. Catalina, indiscutible-
mente,
fué una gran mujer. ¡Y en caso dado
qué nos importa Dostoiewski! Sergio, mi amigo,
es 'pionero'. Por las mañanas sale, en compañía

21

de un grupo de jóvenes intrépidos, a explorar

las montañas.   El grupo

está educado a la espartana, y su juventud se
        desborda

en el aprendizaje de las más fabulosas proezas

de la fé y el entusiasmo viriles.   Sergio asiste, en
        las tardes,

al Instituto Científico de Leningrado, y sus cartas,

en las que no menciona para nada el pasado,
        refieren

las magníficas veladas consagradas al teatro.   Yo
        le hablo

mucho de América.   En más de un punto

no estamos del todo de acuerdo.   Sergio me dice,

indefectiblemente, en todos los tonos,

de un futuro mejor.   Y él espera

y crea, mientras yo voy acumulando sus cartas.
        Y reviviendo

la fresca hazaña de toda una generacion, le miro

ahora, allá en el Asia, joven

y fuerte, en actitud de luchar.

V I C E N T E   M A G D A L E N O

B E L I C A

A JOSE VAZQUEZ AMARAL

ES el pueblo de ahora.
El país de los hierros enmohecidos de
sangre.

El hierro está en los hombros y en la espalda del
    muerto,
único que ha podido penetrar el pantano,
sin exclamar la queja del que se hunde.

23

Las tardías melenas belicosas,
distinguen una raza impávida al incendio,
pretérita en el gozo y actual en el esfuerzo.

Todos caminan secos llanos,
todos recogen guijas rotas.

Ninguno comunica su grito derrotado:
el destino del muerto es quedar en las rocas,
callado, con su cuerpo, protegida su sombra.

Las noches sin combate son las noches más largas:
cualquier sitio es abrupto
para el que lucha en sueños.

Hondo terreno, escarpas, necesita el soldado
para gritar su triunfo respaldado.

Nunca existió un ejército
que renaciera a diario.
¡Nunca!

24

Es hoy cuando la tierra
más estorba y molesta.
Imprescindible el vuelo para acechar la fuga
del maldito.

Los enemigos hablan un idioma de acero
que interrumpe los tímpanos y quebranta los
       pechos.

Un trigueño dispara solirario
en las peñas y vuelve con las manos
más rudas.   Sus modales potentes,
chupan licores hechos en paredes glaciales.

Cuando sean los plantíos y la paz labradora,
surgirán persistentes vegetaciones rojas
del subsuelo invadido de cadáveres.

El futuro, sin saber de la sangre,
ha de pisar en bruto los terruños mortales.

25

Con el tatuaje al cuello y el vicio de la pólvora,
los ángeles monstruosos, que de niños pasaron,
sin sentirse, a ser hombres
obtendrán el prestigio del poder que construye.

Ellos vendrán viriles,
enormes de ojos y de brazos,
sin hablar, señalando los senderos bestiales.

R A M O N   G A L V E Z

en el número

3

poemas inéditos

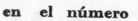

Ole

EMILIO PRADOS
XAVIER VILLAURRUTIA
OCTAVIO PAZ
FELIX PITA RODRIGUEZ
NEFTALI BELTRAN
Suplemento : "LOS SURREALISTAS
FRANCESES" Trad. CESAR MORO.

EPIGRAMAS
DE BOSTON

POR

XAVIER VILLAURRUTIA

PRIMERA EDICION DE POESIA

MUY PRONTO

T. S. ELIOT

EL CANTO
DE AMOR
DE J. ALFRED PRUFROCK

TRADUCCION DE
RODOLFO USIGLI

suplemento de ''Poesía''

EL CANTO DE AMOR

S'io credesse che mia risposta fosse
A persona che mai tornasse al mondo,
Questa fiamma staria senza più scosse.
Ma perciocche giammai di questo fondo
Non torno vivo alcun, s'i'odo il vero,
Senza tema d'infamia ti respondo.

VAYAMONOS pues, tú y yo,
cuando la tarde se haya tendido contra el
(cielo
como un paciente eterizado sobre una mesa;
vayámonos a través de ciertas calles semidesiertas.
murmurantes asilos
de inquietas noches en hoteles baratos de **una noche**
y restoranes con serrín y ostras:
calles que se siguen como una discusión tediosa
de intención insidiosa

3

para llevarte a una cuestión abrumadora . . .
Oh, no preguntes '¿Qué es?'
Vayámonos a hacer nuestra visita.

En la pieza las mujeres vienen y van
hablando de MiguelAngel.

La niebla amarilla que frota su lomo sobre las vi-
                                        (drieras,
el humo amarillo que frota su hocico sobre las vi-
                                        (drieras
lamió los rincones del atardecer,
se demoró sobre los canales en desagüe,
dejó caer sobre su lomo el hollín que cae de las chi-
                                        (meneas.
se deslizó por la terraza, dió un súbito salto,
y viendo que era una suave noche de octubre,
se enroscó una vèz a la casa y cayó dormido.

Y a la verdad habrá tiempo
para el humo amarillo que resbala al largo de la calle
frotando su lomo sobre las vidrieras;
habrá tiempo, habrá tiempo
de preparar un rostro para el encuentro de los ros-
                                        (tros que encuentres:
habrá tiempo para asesinar y para crear,
y tiempo para todas las labores y días de manos
que levanten y dejen caer una pregunta en tu plato;
tiempo para ti y tiempo para mí:

4

y tiempo aún para ciento indecisiones
y para cien visiones y revisiones
antes de que tomemos una tostada y the.

En la pieza las mujeres vienen y van
hablando de MiguelAngel.

Y a la verdad habrá tiempo
para preguntarse, '¿Me atrevo?   y   ¿Me atrevo?
Tiempo para volverse atrás y bajar la escalera
con un paraje calvo en mitad de mi pelo.
(Dirán: '¡Qué ralo se le está poniendo el pelo!')
Mi saco matinal, mi cuello que sube firmemente a la
(barbilla,
mi corbata rica y modesta, pero asegurada por un
(simple alfiler—
(Dirán: '¡Pero qué delgados son sus brazos y sus
piernas!)
¿Me atrevo
a perturbar el Universo?
En un minuto hay tiempo
para decisiones y revisiones que un minuto trastro-
(cará.

Porque ya las he conocido a todas ellas, a todas ellas:
he conocido las noches, las mañanas, las tardes,
he medido mi vida con cucharillas de café;
conozco las voces que mueren en un diminuendo
al fondo de la música en un cuarto alejado.
Así ¿cómo podría yo atreverme?

5

Y he conocido ya los brazos todos ellos—
los ojos que nos clavan en una frase formulada,
y cuando esté yo formulado, hecho X en un alfiler,
cuando esté yo clavado y retorciéndome en la pared,
¿cómo podría entonces empezar
a escupir todas las colillas de mis días y de mis vías?
¿Y cómo podría yo atreverme?

Y he conocido ya los brazos, todos ellos—
brazos con brazaletes y blancos y desnudos
(¡pero bajo la lámpara cubiertos de claros vellos cas-
                                                    taños!)
¿Es el perfume de un vestido
lo que así me hace divagar?
Brazos que yacen sobre una mesa o sujetan un chal.

                    ¿Y podría yo entonces atreverme?
                    ¿Y cómo podría empezar?

                . . . .

¿Diré: fuí por calles estrechas al crepúsculo
y contemplé el humo que sale de las pipas
de hombres solitarios en mangas de camisa asoma-
                            (dos a sus ventanas?

Yo debí ser un par de melladas tenazas
que rasaran los suelos de mares silenciosos.

            . . . .

6

¡Y la tarde, la noche, duerme tan apacible!
Alisada por largos dedos,
dormida ... fatigada ... o bien, se hace la enferma
extendida en el suelo, aquí junto a ti y a mí.
¿Tendría yo, después del the y los pasteles y helados,
la fuerza de forzar el momento a su crisis?
Pero aunque he llorado y ayunado, llorado y orado,
aunque he visto mi cabeza (ya levemente calva) traí-
(da en una charola,
no soy profeta— y esto no importa mucho;
he visto parpadear el momento de mi grandeza
y he visto al eterno lacayo recibir mi abrigo y son-
(reír estúpidamente,
y en suma, tuve miedo.

Y hubiera válido la pena, después de todo,
después de las tazas, la mermelada, el the,
entre la porcelana, entre una plática de ti y de mí,
hubiera valido la pena
haber hincado el diente en el asunto con una sonrisa,
haber comprimido el universo en una bola
para rodarlo hacia alguna cuestión abrumadora,
para decir: 'Soy Lázaro vuelto de entre los muertos,
vuelto para decíroslo todo, os lo diré todo'—
si una, arreglando una almohada junto a su cabeza,
dijera: 'No es eso lo que quise decir, de ningún
(modo,
no es eso, de ningún modo'.
Y hubiera valido la pena, después de todo,
hubiera valido la pena,

7

después de las puestas del sol y de los patios y las
     calles regadas,
después de las novelas, después de las tazas de the,
después de las faldas que arrastran por el píso—
y esto, y tánto más
¡Imposible decir exactamente lo que quiero decir!
Pero como si una linterna mágica preyectara los
     (nervios en pautas sobre una pantalla;
hubiera valido la pena
si una, arreglando una almohada o quitándose un
     (chal
y volviéndose hacia la ventana dijera:

'No es eso, de ningún modo,
no es eso lo que quise decir, de ningún modo

    . . . .

¡No! No soy el príncipe Hamlet ni nací para serlo;
soy un señor cortesano, uno que servirá
para llenar una pausa, iniciar una escena o dos,
aconsejar al príncipe; sin duda un instrumento fácil,
deferente, contento de servir,
político, cauteloso y meticuloso;
lleno de altos conceptos pero un poquito obtuso;
a veces, a la verdad, casi ridículo—
Casi, a veces, el Bufón

Envejezco . . . Envejezco . . .
Usaré enrollados los extremos de mi pantalón.

8

¿Partiré mis cabellos por atrás? ¿Me atrevo a comer
(un durazno?
Vestriré pantalones de franela blanca y caminaré
(por la playa.
He oído a las sirenas cantándose una a otra.

No creo que canten para mí.

Las he visto cabalgar hacia el mar sobre las olas,
peinando los blancos cabellos de las olas revueltas
cuando el soplo del viento vuelve el agua blanca y
(negra.

Nos hemos quedado en las cámaras del mar
al lado de muchachas marinas coronadas de algas
(marinas rojas y cafés

hasta que nos despiertan voces humanas y nos
ahogamos.

ANGEL CHAPERO

terminó la edición Canto de Amor

de T. S. ELIOT, el día 6 de mayo

de 1938. Consta de 50 ejemplares

3

COLABORAN

EMILIO PRADOS
XAVIER VILLAURRUTIA
OCTAVIO PAZ
FELIX PITA RODRIGUEZ
NEFTALI BELTRAN
Suplemento : "LOS SURREALISTAS
FRANCESES" Trad. CESAR MORO.

POESIA

MENSUAL DE LITERATURA

DIRECTOR NEFTALI BELTRAN   **EDITOR ANGEL CHAPERO**

A r t u r o   T o r r e s   R i o s e c o

MUERTE

Y

CIRCULO

POEMAS

Edición de POESIA

Precio del Ejemplar $ 4.00   EDICION LIMITADA

RUTA

Revista Mensual

Dirigida por Jose Mancisidor

PRECIO $0.60

P O E S I A

Toda Correspondencia a PLYCSA, Fraternidad 31, México

de las colaboraciones que publique POESIA únicamente serán responsables sus autores.

COLABORAN

EMILIO PRADOS
XAVIER VILLAURRUTIA
OCTAVIO PAZ
FELIX PITA RODRIGUEZ
NEFTALI BELTRAN
Suplemento: "LOS SURREALISTAS
FRANCESES" Trad. CESAR MORO.

POESIA

MENSUAL DE LITERATURA

CEMENTERIO
EN LA NIEVE

A nada puede compararse un cementerio en la
nieve.
¿Qué nombre dar a la blancura sobre lo blanco?
El cielo ha dejado caer insensibles piedras de
nieve
sobre las tumbas,
y ya no queda sino la nieve sobre la nieve
como la mano sobre sí misma eternamente
posada.

7

Los pájaros prefieren atravesar el cielo,
herir los invisibles corredores del aire
para dejar sola la nieve,
que es como dejarla intacta,
que es como dejarla nieve.
Porque no basta decir que un cementerio en la
      nieve
es como un sueño sin sueños
ni como unos ojos en blanco.
Si algo tiene de un cuerpo insensible y dormido,
algo de la caída de un silencio sobre otro
y de la blanca persistencia del olvido,
a nada puede compararse un cementerio en la
      nieve.

Porque la nieve es sobre todo silenciosa,
más silenciosa aún sobre las losas exangues
labios que ya no pueden decir una palabra.

BOSTON, 1936

XAVIER   VILLAURRUTIA

[350]

N U N C A   M A S

En cuanto al mar no preguntéis ya cuando;
    se ama o se deja de amar sin que una piel
    pueda llegar siquiera a presentirle;
pero el dolor cuando atraviesa el alba
arriba a nuestro cuerpo
como la lenta espuma de la muerte.

Se habla se habla y nunca llega a deshilarse la
    verdad de una historia:

9

"Una vez . . .
"Fué allá lejos donde crece el tabaco . . .

Pero los barcos vuelven a hundirse bajo el légamo
      oscuro
y los pájaros siguen multiplicándose a espaldas
      de la noche como estrellas.

¿Dónde dónde ha de estar ese amante impreciso?
¿Dónde ha de estar esa palabra incorruptible?

Todos se alejan sin que uno sólo vuelva para
      mirarnos,
sin que uno sólo tan siquiera pregunte.

Todo se pierde igual, que el horizonte.

Sólo queda esta mano abandonada en pie sobre
      la arena:
este humilde,
este humilde despojo
junto al mar como cualquier cuerpo sin sombra.

10

QUISIERA HUIR

ESTOY cansado de ser hombre:
            un cuerpo padece mi agonía,
un cuerpo o multitudes que mi piel no depone,
un ser que vive o sueña la altitud de mis límites.
Quisiera huir, perderme lejos de su olvido.

Estoy cansado de ocultarme en las ramas;
de perseguir mi sombra por la arena;
de desnudarme entre las rocas,
de aguardar a las puertas de las fábricas
y tenderme en el suelo con los ojos cerrados:
estoy cansado de esta herida.

Quisiera huir: hay cuerpos que aún se ofrecen
como jugosas frutas sin sentido.

11

Otro amigo me "dice: Vuelas las aves vuelan"

Quisiera huir, perderme lejos,
allá en esas regiones donde unas anchas hojas
tiemblan sobre el estanque de los sueños que
    inundan.

COMO PIEDRA OLVIDADA

COMO ese sabor acre que nos deja en los labios
    la miseria;
que comienza en los ojos igual que una
    cuchilla,
estos cuerpos sin sangre tendidos sobre la arena
desnudan gota a gota una conciencia que no
    duerme.

Sueñan cuerpos de niños o gritos de mujeres
la vida que no sienten o una amarga sonrisa.
Su sueño, un ancho lago supurante memoria,
allá lejos donde el mar mece y mece sus constan-
    tes espinas.

12

Donde el mar mece y mece sus algas o una
        estrella
y rezuma la sangre contra el paño que duele;
donde la concha y el olvido son tan sólo un despojo
        sobre la playa
y pudre el sol sus peces y sus flores marchitas.

Sobre la arena floja que desploma la espalda
que ni el peso conoce ni el calor de la lluvia,
pero cierra los párpados que anuncian sin reposo
como olvida la nube su pulsación sobre los vientos.

En un país. -No preguntad los límites no
        impuestos:
se cerca el llanto pero no la indolencia-.
Muy fácilmente olvida la mano que acaricia,
cuando el brazo no sufre la misma lengua lenta
        de su muerte.

Allí carne perdida por la desierta playa;
carne opaca invivida que no gime ni alienta,
yace oscura caída como un cieno de estanque,
mientras cantan las aves sobre las tiernas rosas.

13

Allí cuerpos de niñas o llagas como flores,
como ciegas miserias que hieren por los ojos,
duermen duermen su peso sobre la tierra
sin dolor y sin sueño como piedra olvidada sobre
el mundo.

EMILIO PRADOS

EL BARCO

PARA ARTURO SERRANO PLAJA

SOBRE las aguas implacables, de acero y
            llamas,
que en las desiertas horas pobladas sólo por la se-
            dienta noche y un tiempo sin medida
se levantan frenéticas, en una desnuda, verde
            súplica,
van los maderos tristes,
van los hierros, la sal y los carbones,
la flor del fuego, los aceites,

15

las mercaderías espesas y el fruto de la tierra.
Con los maderos sollozantes,
con los despojos turbios y las verdes espumas,
van los hombres.
Los hombres con sus lechos, sus venenos lentí-
       simos, su enmohecida sangre,
en exilio de ese latido tibio que los hizo ágiles y
       ardientes,
en destierro de ese lugar callado, preferido,
ese lugar de tierra viva y llanto,
como sepulcro suyo señalado por la muerte.

Sobre del mar como una inmensa boca desdeñosa,
frente del mar perpetuo,
los hombres, devorándose, naciendo.

Van los hombres partidos por la guerra,
empujados de sus tierras a otras,
rotas las horas suyas,
las que inundaron con su sangre,
con esa esperma suya que por la tierra gime, sin
      retorno,
como un balido de las agrias manadas fugitivas.

16

La guerra los empuja,
triste ceniza humilde de mis huesos,
hombres que sólo llevan ya a la muerte su dimi-
         nuta muerte.
Tímidos campesinos de voces hondas de naranja
         y cidra,
españoles de pétreos pechos rotos,
indefensa ternura hundida en las bodegas,
hombres hermosos como el silencio,
que hacían la tierra dulce con sus manos, tal un
         vencido fruto.
Sus anchos pies danzantes alzaban los espesos
         sonidos nupciales del viñedo
o el apretado fuego de los puros cerezos,
ardiendo contra el viento, cara al cielo;
la tierra estremecida bajo sus pies cantaba como
         tambor o vientre delirante,
tal la pradera temblorosa bajo los toros ciegos y
         violentos,
de huracanado luto rodeados.
Como la luz perdida de su origen palpa carbón
         el hombro sin memoria,
como la lengua ciega siente su mutilada sed,
         viva y estéril,

17

así estos lentos viejos deslavados, estos vagos
      semblantes sementeras,
hacia su muerte huyen,
la muerte niña que nació con ellos,
creció en las mismas horas que sus horas,
bebiendo el mismo tiempo que bebían.
Tocan sus manos inocentes
el sitio solitario de la ternura humilde,
descienden al entrañable tiempo sin medida,
al tiempo inmóvil que habita el hombre llanto,
y alzan allí sus corazones,
transfigurados, deshojados,
como la sal disueltos, como la muerte misma,
como la vida oscura, informe, desbordante.

Los hombres son la espuma aérea de la tierra,
su dulce flor de huesos y de carne,
el poblador esperma del planeta.
Hijos de la ternura son de llanto,
sólo su llanto sin salida en otro ajeno los sumerge.
Y renacen del llanto diluviales.
hechos amargas aguas por la tierra,
olvidados como la flor del agua.

18

Allí los reconozco,
allí los nombro con los ardientes nombres de mis
     lágrimas,
y me disuelvo en ellos y me salvo.

                              Mar Atlántico, 1937

O C T A V I O   P A Z

BALADA DE LA BELLA DURMIENTE DEL BOSQUE

INMOVIL, en un sueño de recuerdos de rosas
        encerrada,
y en un silencio helado de abandono sumergien-
        do palabras,
palabras con los ojos cerrados, ya sin color, sin
        nada
en sus alcobas finas de música, palabras
para llenar esos barrancos de niebla donde ins-
        tala

20

un corredor la angustia y ese mainel de acero
de silencio, de nada, la mano que no sabe ya
    sostener jacintos.

Así sobre sus sueños sosteniéndose ingrávida,
dibujándose muertes para salir y viajes entre
    altas,
dobles, singulares rutas por tan áspera música
    aromadas,
la bella durmiente del bosque.

Duerme.   Es un sopor inválido para los sueños
su dormir.   La sigue un penetrante olor a flor y
    llama
acre en su antiguedad.   Ya no espera al guerrero
    ni a su orden de despertar.

Duerme sólo.   Sombras de crisantemos la prote-
    gen.
La bella durmiente del bosque, extrañamente
    pálida.

21

Raíces extraviadas le acarician la frente. Circundándola
vuela una cuadrilla de grises mariposas mutiladas.
Son las ahuyentadoras de los últimos sueños.

La bella durmiente del bosque ya no espera.
Se fuga y no se mueve.

Duerme sólo.
Dejadla.

F E L I X   P I T A   R O D R I G U E Z

22

P O E M A

COMO granada desgranada como una enorme
boca
comedora de estrellas el universo mismo se
extendía
ante el primer hombre sentado siempre enmedio y
vigilando la creación de la tierra entre fuego de
barro
y de serpiente entre las órbitas de los ojos y las
antenas

23

de los caracóles entre sémen y rostros vírgenes entre
rosas de fuego y entre camelias de ceniza
todo tomaba forma la voz misma callada silenciosa y fecunda
tomaba ya la forma de redondez que tiene y sólo la espalda
era cuadrada cuadrangular y unida porque así soportaba
todo el peso del mundo del universo entero y la cabeza
Ay pero nada había como las mariposas nocturnas
en pleno día porque los arcos y las columnas dóricas eran
entonces como un simple mármol sin tallar enterrado
fuera de la cultura y de las civilizaciones que ahora son
modernamente arcaicas entre los brazos y la cerveza
todo lo que yo deseara izando la bandera del mundo decir
aquí ¿hermoso mar Tirreno dónde estabas entonces?
Sólo los lirios rojos permanecían intactos
cuando nació la primera noche.

24

H . P .

MIENTRAS la fuerza enorme de los caballos
era sustituída por pequeñas máquinas.
Mientras los generales compraban fuetes
para pegar con ellos a sus queridas
o los sátiros hablaban con las vírgenes.
En tanto que las luces de la ciudad
se encendían plenamente
para alumbrar el camino de los ciegos

25

o salían los caracoles
a embarrar su baba por las oscurísimas paredes
—Oh misterioso hilo de Ariadna—
nosotros dos, encerrados dentro de cuatro puertas
y llenos los ojos de tiniebla
no encontrábamos el camino.

Se nos cerraban todas las vías
y no había salida posible
porque después de tanto y tanto recorrer
la noche llena de basura
llegábamos al mismo punto del que habíamos
      partido
tal como si nuestro universo
hubiera sido solamente un círculo
o una gran pista que girara y girara
como los motores en marcha
para despistar el sueño de los ángeles con silbato
o la brújula pendiente entre las piernas.
Y no había salida posible
ni posible movimiento alguno
porque pasada la hora de la oración
los uniformes vagaron impacientes por los teatros
para después llegar hasta los hospitales
a curar a los soldados sifilíticos
o admirar simplemente la belleza de las llagas
      de Job.

26

(El mortal que desconocía la muerte
miraba sin escrúpulos la muerte,
y sin miedo a la muerte,
con angustia sin esperanza,
la hospitalaria muerte de hospital
cuando la guerra ronda por las ciudades.
Pero no le servía de nada
y las salas estaban llenas de seres extraños
que negaban la presencia de los ángeles).

Luego dejaba el árbol de la primer manzana
que el viento sacudiera sus ramas
y escuchaba solamente como giraban
los cinco números de la agonía
que era en sí misma otro árbol lleno de verdes
     voces
tal como si tuviera la última palabra
o el evangelio definitivo.

N E F T A L I   B E L T R A N

EN EL PROXIMO NUMERO:

JORGE CUESTA
OCTAVIO G. BARREDA
LUIS CARDOZA Y ARAGON
ALBERTO QUINTERO ALVAREZ
JOSE VAZQUEZ AMARAL

Suplemento:
POETAS JOVENES DE MEXICO

S U R

REVISTA MENSUAL

DIRIGIDA POR VICTORIA OCAMPO

No. 42

SUMARIO:

Poemas, Por **GABRIELA MISTRAL**

La Garza Montesina, por **ALFONSO REYES**

Sábanas de Tierra, por **SILVINA OCAMPO**

John Steinbeck, Novelista de California, por

M. E. COINDREAU

y otros originales de interés escritos

expresamente para SUR

★

LA POESIA SURREALISTA

traducciones
de
CESAR MORO

Suplemento de Poesía

con una noticia de
CESAR MORO

ℰL Surrealismo es el cordón que une la bomba de dinamita con el fuego para hacer la montaña. La cita de las tormentas portadoras del rayo y de la lluvia de fuego. El bosque virgen y la miriada de aves de plumaje eléctrico cubriendo el cielo tempestuoso. La esmeralda de Nerón. Una llanura inmensa poblada de sarcófagos de hielo encerrando lianas y lámparas de acetileno, globos de azogue, mujeres desnudas coronadas de cardos y de fresas. El tigre real que asola las tierras de tesoros. La estatua de la noche de plumas de paraíso salpicada con sangre de jirafas degolladas bajo la luna. El día inmenso de cristal de roca y los jardines del cristal de roca. Los nombres de SADE, LAUTREAMONT, RIMBAUD, JARY, en formas diversas y delirantes de aerolito sobre una sábana de sangre transparente que agita el viento nocturno sobre el basalto ardiente del imsomnio.

César MORO.

Configuración

LOS cabellos blancos de las piedras, los cabellos negros de las aguas, los cabellos verdes de los niños, los cabellos azules de los ojos
las aguas cierran sus ojos pues del cielo caen piedras y niños.
a las piedras a las aguas a los niños y a los ojos caen los cabellos.
las piedras tienen en su bolsillo derecho mantequilla y en su bolsillo izquierdo pan y cada uno los toma con gran consideración por sandwiches.
los sandwiches de piedra llevan una raya a la derecha los sandwiches de agua llevan una raya a la izquierda y los sandwiches de niño llevan la raya al medio.

HANS ARP.

●

EN tu lugar desconfiaría del caballero de paja
Esa especie de Roger libertando a Angélica
Leitmotiv aquí de las bocas del metropolitano
Dispuestas en fila en tus cabellos
Es una encantadora alucinación liliputiense
Pero el caballero de paja el caballero de paja
Te pone a la grupa y os precipitais en la alta alameda de álamos
Cuyas primeras hojas perdidas ponen mantequilla en las rosas trozos de pan del aire
Adoro esas hojas al igual
Que aquello que hay de supremamente independiente en ti
Su pálida balanza
Para contar violetas
Estrictamente lo necesario para que se transparente en los más tiernos pliegues de tu cuerpo
El mensaje indescifrable capital
De una botella que ha guardado mucho tiempo el mar
Y las adoro cuando se juntan como un gallo blanco
Furioso en la escalinata del castillo de la violencia
Bajo la luz vuelta desgarradora donde no se trata ya de vivir
En el soto encantado
Donde el cazador apunta con un fusil de culata de faisán
Esas hojas que son la moneda de Danae

7

Cuando me es posible acercarme a ti hasta no verte
Estrechar en ti ese lugar amarillo devastado
El más resplandeciente de tu ojo
Donde los árboles vuelan
Donde los edificios comienzan a ser sacudidos por una alegría de mala ley
Donde los juegos del circo se continúan con un lujo desenfrenado en la
      calle
Sobrevivir
De lo más lejano dos o tres siluetas se desprenden
Sobre el grupo estrecho flamea la bandera parlamentaria.

André BRETON

Algunas de las palabras que, h a s t a   ahora, me estaban misteriosamente prohibidas

a André Bretón.

LA palabra cementerio
A los otros de soñar con un cementerio ardiente
La palabra casita
Se la encuentra a menudo
En los avisos de los periódicos en las canciones
Tiene arrugas es un viejo disfrazado
Tiene un dedal en el dedo es un papagayo maduro
Petróleo
Conocido por ejemplos preciosos
En las manos de los incendios
Neurastenia una palabra que no tiene afrenta
Una sombra de casís entre dos ojos parecidos
La palabra criolla toda de corcho sobre raso
La palabra bañadera que es arrastrada
Por caballos perfectos más feos que muletas
Bajo la lámpara esta noche glorieta es un nombre
Y domina un espejo donde todo se inmoviliza
Hiladora palabra que se derrite hamaca vid saqueada

8

Olivo chimenea con tambor de resplandores
El teclado de los rebaños se apaga en la llanura
Fortaleza malicia vana
Venenoso telón de caoba
Velador mueca elástica
Hacha error jugado a los dados
Vocal timbre inmenso
Sollozo de estaño risa de buena tierra
La palabra gatillo estupro luminoso
Efímera el azur en las venas
La palabra bólido geranio en la ventana abierta
Sobre un corazón batiente
La palabra contextura bloque de marfil
Pan petrificado plumas mojadas
La palabra frustrar alcohol marchito
Pasillo sin puertas muerte lírica
La palabra muchacho como un islote
Mirtilla lava galón cigarro
Letargo azulina circo fusión
Cuantas quedan de esas palabras
Que no me conducían a nada
Palabras maravillosas como las otras
Oh imperio mío de hombre
Palabras que escribo aquí
Contra toda evidencia
Con la gran preocupación
De decir todo

Paul ELUARD.

Una Noche

LA noche última el viento silbaba tan fuerte que creí iba a derribar las
    rocas de cartón.
Mientras duraron las tinieblas las luces eléctricas
Ardían como corazones
En el tercer sueño me desperté cerca de un lago
Donde venían a morir las aguas de dos ríos.
Alrededor de la mesa las mujeres leían.

9

Y el monje se callaba en la sombra.
Lentamente pasé el puente y en el fondo del agua oscura
Ví pasar lentamente grandes peces negros.
Súbitamente me encontraba en una ciudad grande y cuadrada.
Todas las ventanas estaban cerradas, doquier silencio
Doquier meditación
Y el monje pasó aún al lado mío. Através los agujeros de su silencio
podrido ví la bellza de su cuerpo pálido y blanco como una estatua
del amor.
Al despertar la dicha dormía aún cerca de mí.

Giorgio de CHIRICO.

el fenómeno biológico
y dinámico
que constituye el cubismo
de
Picasso
ha sido
el primer gran canibalismo imaginativo
sobrepasando las ambiciones experimentales
de la física matemática
moderna.

La vida de Picasso
formará la base polémica
aún incomprendida
según la cual
la psicología física
abrirá de nuevo
una brecha de carne viva
y de obscuridad
a la filosofía.

10

Pues a causa
del pensamiento materialista
anárquico
y sistemático
de
Picasso
podremos conocer físicamente
experimentalmente
y sin necesidad
de las novedades ''problemáticas'' psicologicas
de sabor kantiano
de los ''gestaltistes''
toda la miseria
de los
objetos de conciencia
localizados y confortables
con sus átomos flojos
las sensaciones infinitas
y
diplomáticas.

Pues el pensamiento hiper-materialista
de Picasso
prueba
que el canibalismo de la raza
devora
''la especie intelectual''
que el vino regional
moja ya
la bragueta familiar
de las matemáticas fenomenologistas
del
porvenir
que existen ''figuras estríctas''
extra-psicológicas
intermediarias
entre
la grasa imaginativa
y
los idealismos monetarios
entre
las aritméticas transfinidas

11

y las matemáticas sanguinarias
entre la entidad "estructural"
de un "lenguado obsesionante"
y la conducta de los seres vivos
en contacto con "el lenguado obsesionante"
pues el lenguado en cuestión
permanece
totalmente exterior
a la comprensión
de
la
gestalt-teoría
puesto que
esta teoría de la figura
estricta
y de la estructura
no posee
medios físicos
que permitan
el análisis
ni aún
el registro
del comportamiento humano
frente
a las estructuras
y a las figuras
que se presentan
objetivamente
como
físicamente delirantes
pues
no existe
en nuestros días
que yo sepa
una física
de la psico-patología
una física de la paranoia
la que no podría ser considerada
sino
como
la base experimental

12

de la próxima
filosofía
de la
psico-patología
de la próxima
filosofía de la actividad ''paranoico-crítica''
la cual un día
tentaré de examinar polémicamente
si tengo tiempo
y humor.

Salvador **DALI**

ENTRE nuestros artículos de quincallería perezosa recomendamos la llave de agua que se detiene de fluir cuando no se le escucha.

Física de equipaje:
Calcular la diferencia entre los volúmenes de aire desplazado por un camisa limpia (planchada y doblada) y la misma camisa sucia.

Ajuste de coincidencia de objetos o partes de objetos; la jerarquía de esta especie de ajuste está en razón directa del ''disparate''

Una caja de cerillas completa es más ligera que una caja empezada por que no hace ruido.

¿Será necesario reaccionar contra la pereza de los rieles en el intervalo de dos pasos de trenes?

Transformador destinado a utilizar las pequeñas energías despediciadas tales como:
la exhalación del humo de tabaco.
el exceso de presión sobre un timbre eléctrico...
el crecimiento de los cabellos, de los vellos y de las uñas
la caída de la orina y de los excrementos.
los movimientos de miedo, de sorpresa, de tedio, de cólera.
la risa.

13

la caída de las lágrimas.
los gestos demostrativos de las manos, de los pies, los tics.
las miradas duras.
los brazos que caen.
el desperezarse, el bostezo, el estornudo.
el esputo ordinario y el de sangre.
los vómitos.
la eyaculación.
los cabellos rebeldes, la espiga.
el ruído al sonarse, el ronquido.
el desvanecimiento.
el silbido, el canto.
los suspiros.

                    etc.

                                        Marcel DUCHAMP

La Hora del Pastor

LOS campos invadían las calles
y los salones de lámparas de cristal.
Oquedales se instalaban en los patios,
hayas se anudaban en las lumbreras,
un buey se transformaba en mesa.

Niños con zuecos, el rostro blanco,
derrochaban sin contar entre los helechos.
Vestíase talones y peinadoras.
A mediodía, señores de frac, inclinados sobre los musgos,
una por una recogían un centenar de perlas.

Un vestido de noche corría y gritaba en un claro del bosque.

                                        Georges HUGNET

14

GRUTA de bronce
amplificador de las tempestades
de los dos hemisferios
donde las sombras no pueden morir
la cabeza del buho de piedra
vela
sobre la ciudad de los marinos
Limbos de fuentes no nacidas
 de amores ahogados
bajo parejas de falsos amantes
falsos pensamientos
falsa ventanas
en las murallas de la noche
falsa virtud de los débiles
nuestros huesos encrespándose en el fuego
 desierto calcinado de espera
donde reina la loca del espejo.

Alice PAALEN.

Háblame

EL negro de humo el negro animal el negro negro
se han dado cita entre dos monumentos a los muertos
que pueden parecer mis orejas
donde el eco de tu voz de mica marina
repite indefinidamente tu nombre
que se parece tanto a lo contrario de un eclipse de sol
que yo me creo cuando tú me miras
una "espuela de caballero en un ventisquero" cuya puerta abrieras
con la esperanza de ver escaparse una golondrina de petróleo inflamado
pero de la espuela brotará un manantial de petróleo ardiente
si tú lo quieres
como una golondrina
quiere la hora de verano para tocar la música de las tormentas
y la fabrica como haría una mosca
que sueña con una telaraña de azúcar

15

en un vaso de ojo
a veces azul como una estrella veloz rflejada por un huevo
a veces verde como un manantial rezumando de un reloj

Benjamín PERET.

28 noviembre XXXV

LENGUA de fuego abanica su cara en la flauta la copa
que cantándole roe la puñalada del azul
tan gracioso
qu sentado en el ojo del toro
inscrito en su cabeza adornada con jazmines
espera que hinche la vela el trozo de cristal
que el viento envuelto en el embozo del mandoble
chorreando caricias
reparte el pan al ciego y a la paloma color de lilas
y aprieta de toda su maldad contra los labios del limón ardiendo
el cuerno retorcido
que espanta con sus gestos de adios la catedral
que se desmaya en sus brazos sin un ole
estallando en su mirada la radio amanecida
que fotografiando en el beso una chincha de sol
se come el aroma de la hora que cae
y atraviesa la página que vuela
deshace el ramillete que se lleva metido entre el ala que suspira
y el miedo que sonríe
el cuchillo que salta de contento
dejándole aún hoy flotando como quiere y de cualquier manera
al momento preciso y necesario
en lo alto del pozo
el grito del rosa
que la mano le tira
como una limonsnita

Pablo PICASSO.

(En español el original).

16

Anuncio

Un señor que tomaba el metropolitano tenía bajo el brazo un gran paquete del que salía un trozo de tela verde. Como todo el mundo le miraba, dijo desatando su zapato: "Emplead la tinta Watterman". Luego descendió los tramos de la escalera cojeando.

Así que llegó abajo, se sentó en un banco con los pies bajo su trasero. Y ahí, comenzó a desembalar su paquete. Pero no sacó nada, ni siquiera un trozo de tela verde.

Cuando el tren entró en la estación, partió corirendo con su paquete bajo el brazo. Pero no había ya tela verde. Sólo una cresta de gallina colgaba. El tren silbó.

A lo lejos se escuchó una voz grasosa: "Es una marca muy buena". Cerca de mí, un señor se puso verde.

Gisele PRASSINOS.

He aquí todos los siglos
pasados a filo de espada

HE aquí todos los siglos pasados a filo de espada
cabeza de madera donde el ojo izquierdo no palpita sino para salvar al
  otro de la miseria
no hay de creíble en el seno vaporoso de las geografías venosas
sino las huídas indeterminadas de rostros encadenados de horribles palideces
sino la obra simbólica de microbios sabios al fondo de las cavernas apa-
  sionantes de la materia
sino el monumento irracional de la tempestad abatiendo la virtud
y el inolvidable desorden
de una voz desesperada
Ahora que los proverbios seductores viajan a costa de los ojos
los brazos escacean de recuerdos y caen a lo largo del cielo
todos los dioses han regresado a sus conchas
y la muerte vestida de soldado
coloca el terror blanco bajo urna

17

en las patrias pintadas de nuevo
he aquí viniendo por los senderos trillados de fiebre lenta
el tiempo de las grandes mudas nocturnas
del terciopelo y de las lúcidas encantaciones
donde el hombre
rompedor de muertes y de palabras
trepa al oro escarpado
lleno de ruidos
como una selva virgen....

Gui ROSEY.

ÍNDICE DE AUTORES

Taller Poético

POESÍA

ÍNDICE GENERAL

TALLER POÉTICO

POESÍA